Allgemeine Grundrechtslehren

↳ StaatsR I, Rn. 22 ff. ; Basics ÖR, Rn. 41 ff.

Juristische Personen des öffentlichen Rechts

→ Grds. **keine** Grundrechtsberechtigung, da Abwehrrechte **gegen** den Staat

<u>Ausnahme</u>: **grundrechtsdienende** jur. Personen:

- Universitäten: Art. 5 III S. 1
- Rundfunkanstalten: Art. 5 I
- Kirchen: Art. 4, 140

Weitere Ausnahme: Jur. Person aus der EU, da nicht grundrechtsverpflichtet

→ Verfahrensgrundrechte: **anwendbar**; z.B. Art. 103 I

Inwieweit sind juristische Personen des öffentlichen Rechts grundrechtsberechtigt?

↳ Staats-/VerfR: Karteikarte Nr. 19 ; Basics ÖR, Rn. 141

Schrankentrias des Art. 2 I HS 2

verfassungsmäßige Ordnung	= Gesamtheit aller Normen, auch LandesR und mat. Gesetze
Rechte anderer	= subjektive Rechtspositionen
Sittengesetz	= Generalklauseln, Treu und Glauben

⇨ Rechte anderer und Sittengesetz Unterfall der verfassungsmäßigen Ordnung

Aus welchen Elementen besteht die Schrankentrias?

↳ Basics ÖR, Rn. 204

Prüfungsstandort: Dreistufentheorie

II. Eingriff	möglich: bereits hier Benennung der Eingriffsart (vgl. KK Nr. 70)
IV. Schranken-Schranken	**Erforderlichkeit**: Eingriff auf niedrigerer Stufe gleich geeignet?
	Angemessenheit: Besondere Anforderungen (vgl. nächste KK)

An welcher Stelle in der Grundrechtsprüfung ist die Dreistufentheorie zu verorten?

StaatsR I, Rn. 263 ff.

Art. 12 I GG

Da klare Differenzierung nicht möglich:
Einheitliches Grundrecht aus

Berufswahl inkl. Ausbildung	Berufsausübung

Auch **einheitliche Schranke**: Art. 12 I S. 2
insofern missverständlich

Wie viele Grundrechte enthält Art. 12 I GG?

Art. 12 GG

↳ Basics ÖR, Rn. 194

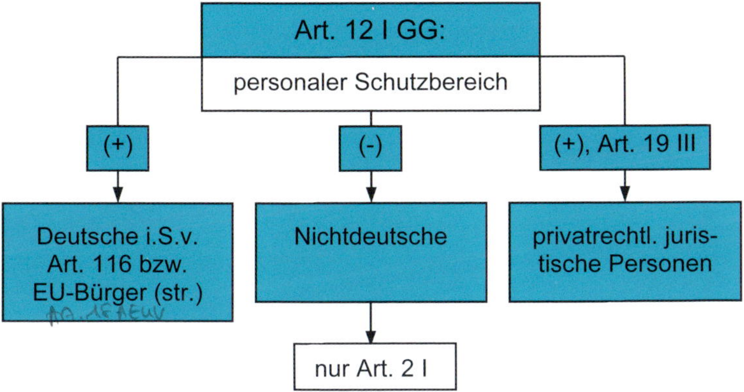

Wie weit reicht der personale Schutzbereich des Art. 12 I GG?

↳ StaatsR I, Rn. 255

Einreise zwar vom **sachlichen** Schutzbereich des Art. 11 I gedeckt

→

Jedoch Deutschengrundrecht, daher **persönlicher** Schutzbereich (-) (Art. 116)

→

Daher Art. 11 I (-), Schutz allerdings über **Art. 2 I GG,** bei Unionsbürgern zudem Art. 18 AEUV

Ist eine Regelung des Zuzugs von ausländischen Staatsangehörigen an Art. 11 I GG zu messen?

↳ StaatsR I, Rn. 248

Grds. auch (negative) Freiheit, Vereinigungen **fernzubleiben**

<u>Aber:</u> bei öffentl. Vereinigungen keine korrespondierende **positive** Freiheit

Daher Art. 9 I GG insoweit nach h.M. **unanwendbar**, aber Rückgriff auf Art. 2 I GG

Schützt Art. 9 I GG auch das Recht, öffentlich-rechtlichen Zwangsverbänden fernzubleiben?

↳ StaatsR I, Rn. 215 ; Basics ÖR, Rn. 169

„Wechselwirkungslehre"

Nach dem BVerfG ist das einschränkende Gesetz seinerseits wieder im Lichte des Grundrechts auszulegen und einzuschränken, es findet eine Abwägung statt.

Inhaltlich bestehen gegenüber der **gewöhnlichen Verhältnismäßigkeitsprüfung** letztlich jedoch **keine** Besonderheiten.

An welchen besonderen Begriff ist i.R.d. Schranken-Schranken-Prüfung bei Art. 5 I GG zu denken?

↳ Basics ÖR, Rn. 170

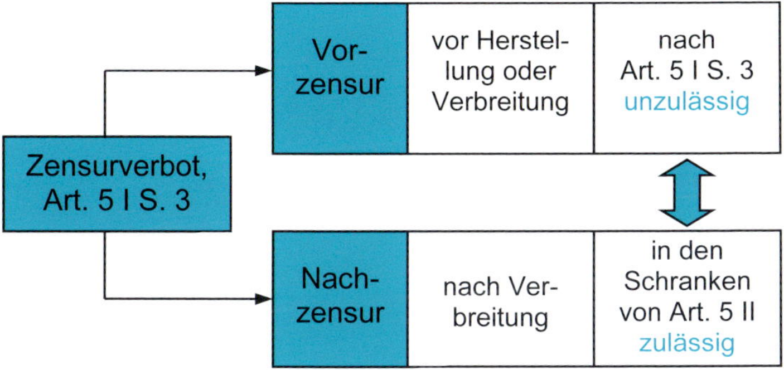

Ist eine staatliche Zensur zulässig?

↳ StaatsR I, Rn. 211 ; Basics ÖR, Rn. 166

Nein.
Wenn dies so wäre, hätte in Art. 5 II GG
ein **einfacher** Schrankenvorbehalt genügt,
da Einzelfallgesetze bereits
nach Art. 19 I S. 1 GG unzulässig sind.

Ist das Einzelfallgesetz der Gegenbegriff zum allgemeinen Gesetz i.S.v. Art. 5 II GG?

↳ Basics ÖR, Rn. 159

Wesentlicher Unterschied: Grundrechtsträger

Presse-/ Rundfunkfreiheit

Herstellung und Verbreitung des Produkts wird geschützt

Informationsfreiheit

Schutz v.a. des Adressaten

Hat die Informationsfreiheit neben der Presse- und Rundfunkfreiheit überhaupt eine eigenständige Bedeutung?

↳ Staats-/VerfR: Karteikarte Nr. 29 ; Basics ÖR, Rn. 157 f.

Tatsachenbehauptung

⇨ Tatsache = Gegebenheit, die dem Beweis zugänglich

↓

Schutz nach Art. 5 I?

- grds. nur Werturteile erfasst
- **reine** Tatsachenbehauptungen eigentlich (-)
- jedoch (+), wenn mit Werturteil **verbunden bzw. zur Meinungsbildung geeignet**
- (-): bewusst unwahre Tatsachenbehauptung

Was ist eine Tatsachenbehauptung? Fällt eine solche unter den Schutzbereich der Meinungsfreiheit?

Art. 5 GG

↳ Basics ÖR, Rn. 155

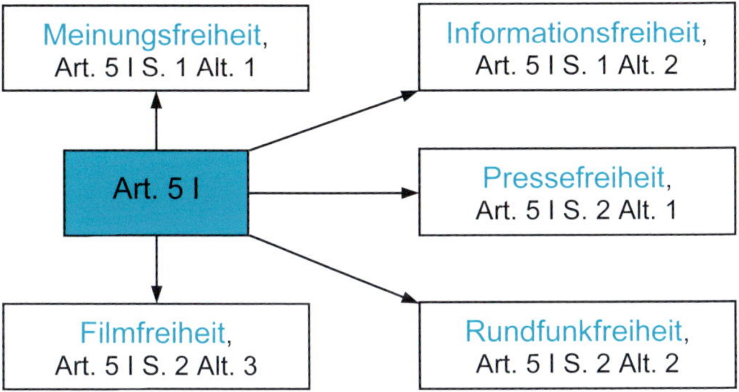

Welche Grundrechte enthält Art. 5 I GG?

Doch, eine Einschränkung ist aufgrund verfassungsimmanenter Schranken möglich (vgl. bereits KK Nr. 21, 22)

Ist Art. 4 I GG nicht einschränkbar?

Staats-/VerfR: Karteikarte Nr. 28

Einordnung des Art. 137 III S. 1 WRV

- **M.M.:** Art. 137 III S. 1 WRV ist taugliche Schranke für Art. 4 I, weil inkorporiertes VerfR
- **a.A.:** (-) wg. Systematik; Art. 4 I GG ist zudem lex posterior
- **h.M.:** Art. 137 III 1 WRV betrifft nur Verwaltung, nicht religiöse Betätigung (Wortlaut!)

Stellt Art. 140 GG i.V.m. Art. 137 III S. 1 WRV eine Schranke des Art. 4 I GG dar?

StaatsR I, Rn. 191 f.

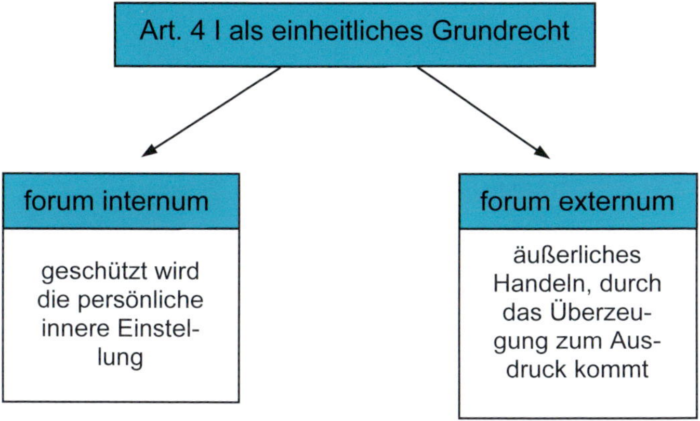

Was umfasst der Schutzbereich von Art. 4 I GG?

Frühere Ansicht:

FreiheitsGR **vor** Gleich-heitsGR

→ dementsprechend mit Prüfung der **FreiheitsGRe** beginnen

Heute BVerfG:

kein Rangverhältnis

→ Prüfung mit dem **sachnächsten** GR beginnen

Wie verhalten sich Gleichheitsgrundrechte zu Freiheitsgrundrechten? Wie ist dementsprechend die Klausurprüfung aufzubauen?

Nein, Art. 3 I GG setzt eine Diskriminierung durch den gleichen Grundrechtsverpflichteten voraus; hier (-), da unterschiedliche Bundesländer.

Kann sich ein Bewohner Hessens darauf berufen, dass ein hessisches Landesgesetz ihn gegenüber einem Bewohner Bayerns ungleich behandelt, wenn in Bayern eine vergleichbare Regelung fehlt?

StaatsR I, Rn. 181 ff. ; Basics ÖR, Karteikarte Nr. 22

I. Kein Verstoß gegen Differenzierungsge- oder -verbot

z.B. Art. 6 V, 3 II, III GG

früher:

II. Keine Willkür

Evidenzkontrolle

Heute bei personenbezogener Ungleichbehandlung:

II. Verhältnismäßigkeit

„Neue“ Formel des BVerfG

Wann ist eine Gleich- bzw. Ungleichbehandlung verfassungsrechtlich gerechtfertigt?

↳ Staats-/VerfR: Karteikarte Nr. 26

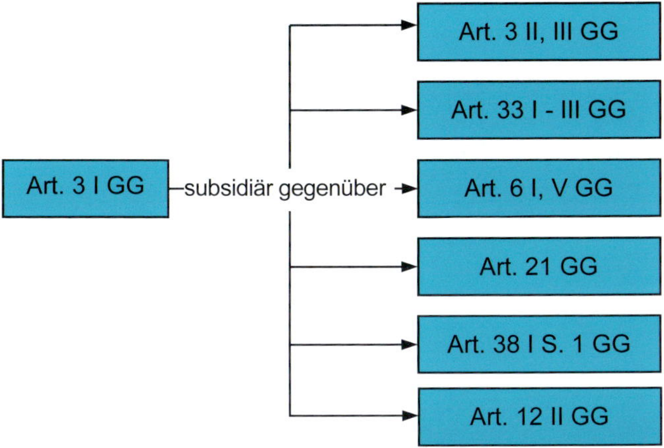

Welche besonderen Gleichheitssätze kennen Sie?

Gleichheitssätze

↳ StaatsR I, Rn. 179 ff.

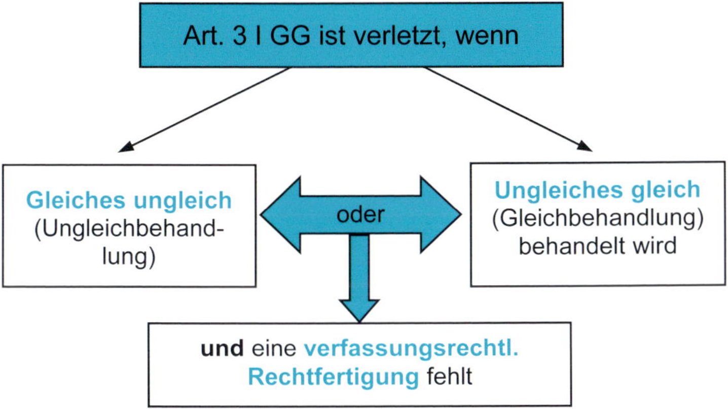

Wovor schützt der allgemeine Gleichheitssatz des Art. 3 I GG?

↳ Staats-/VerfR: Karteikarte Nr. 18 ; Basics ÖR, Rn. 134 ff.

Art. 2 I GG

allgemeine Handlungsfreiheit	**i.V.m. Art. 1 I GG:** allgemeines Persönlichkeitsrecht
nach heute h.M. nicht auf Art oder Bedeutung der Handlung abstellen	Schutz der Persönlichkeit v.a. im Intim- und Privatbereich

⇨ Art. 2 I als Auffanggrundrecht ggü. anderen FreiheitsGRen subsidiär

Wie ist der Schutzbereich von Art. 2 I GG zu bestimmen und welche Stellung nimmt die Norm innerhalb der Grundrechte ein?

StaatsR I, Rn. 145

Praktische Konkordanz

= **besondere Verhältnismäßigkeitsprüfung** bei vorbehaltlosen GRen, Prüfung der Schranken-Schranken

leg. Zweck = Eröffnung des **Schutzbereichs** des anderen Grundrechts

↓

Eingriff zum Schutz dieses Grundrechts geeignet + erforderlich

↓

angemessener Ausgleich bei Wahrung des jew. Wesensgehaltes

Wie ist die Prüfung der sog. praktischen Konkordanz durchzuführen?

↳ StaatsR I, Rn. 143 f. ; Basics ÖR, Rn. 130

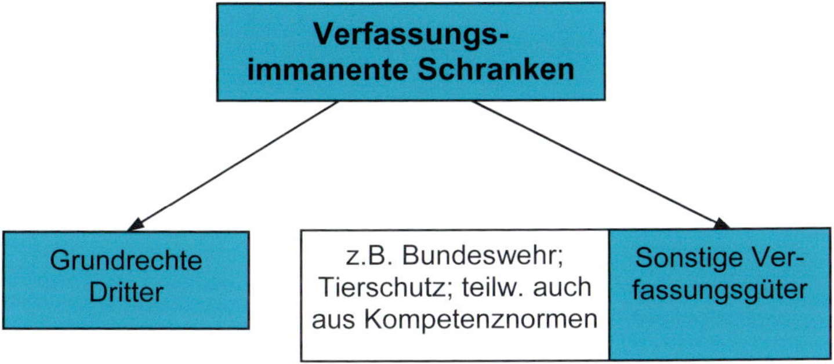

Was ist unter verfassungsimmanenten Schranken zu verstehen?

↳ Staats-/VerfR: Karteikarte Nr. 15 ; Basics ÖR, Rn. 117 ff.

Verhältnismäßigkeit i.w.S.

legitimer Zweck	Geeignetheit	Erforderlichkeit	Angemessenheit
Selten, da Spielraum des Gesetzgebers (-); Zweck darf nicht gemeinwohlwidrig sein	Regelung muss zur Zweckerreichung tauglich sein	Es darf kein milderes, gleich geeignetes Mittel geben (weiter Einschätzungsspielraum)	Abwägung zwischen betroffenem Grundrecht und Eingriffszweck

Wie ist eine Verhältnismäßigkeitsprüfung vorzunehmen?

↳ StaatsR I, Rn. 115 ff. , 140 ff.

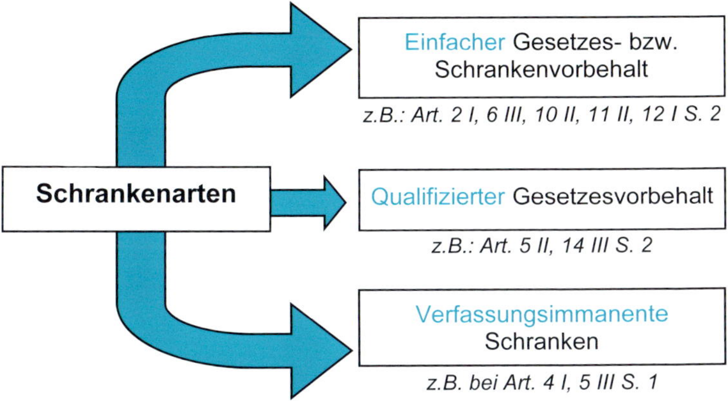

Welche Schrankenarten gibt es?

↳ StaatsR I, Rn. 114 ff.

III. Schranken

1.	**Formelle** Verfassungsmäßigkeit des Schrankengesetzes
2.	**Materielle** Verfassungsmäßigkeit (Bestimmtheit; Erfüllung evtl. vorhandener Schrankenqualifikation; etc.)
3.	Ggf. Beruhen des Eingriffsaktes auf der Schranke (beachte aber: BVerfG keine Superrevisionsinstanz!)

IV. Schranken-Schranken

Verhältnismäßigkeit von Gesetz und ggf. Einzelakt; Art. 19 II

Wie ist die verfassungsrechtliche Rechtfertigung eines Eingriffs in ein Grundrecht mit (geschriebenem) Schrankenvorbehalt zu prüfen?

↳ Staats-/VerfR: Karteikarte Nr. 11 ; Basics ÖR, Rn. 102

Grundrechtseingriff?

jedenfalls (+), wenn

Klassischer Eingriff

Finales staatliches Handeln durch Rechtsakt; unmittelbare Beeinträchtigung des Freiheitsbereichs

wenn (-):

Modernes Eingriffsverständnis

Auch faktische und mittelbare Eingriffe denkbar; auf „funktionalen Schutzbereich“ des jeweiligen Grundrechts abstellen.
(d.h.: Art des möglichen Eingriffs vom jeweiligen GR abhängig!)

Wann liegt ein Eingriff in ein Grundrecht vor?

Schutzbereich	I.	**sachlicher** Schutzbereich
	II.	**persönlicher** Schutzbereich
	III.	Grundrechts**konkurrenzen**

Was ist im Rahmen des Schutzbereiches zu prüfen?

↳ StaatsR I, Rn. 101 ff.

Prüfungsstruktur bei Grundrechten mit geschriebenem Schrankenvorbehalt

I. Schutzbereich

II. Eingriff

III. Schranken

IV. Schranken-Schranken

Wie prüfen Sie, ob ein Freiheitsgrundrecht verletzt wurde?

↳ Basics ÖR, Rn. 97, 128

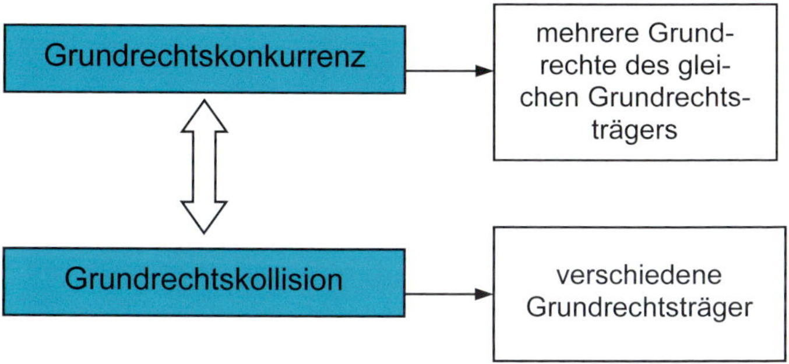

Was ist der Unterschied zwischen Grundrechtskonkurrenz und Grundrechtskollision?

↳ Staatsrecht I, Rn. 88 f. ; Basics ÖR, Rn. 80 ff.

Teilhaberechte: Ansprüche auf staatl. Handeln

derivativ	**originär**
Gleicher Zugang zu staatlichen Leistungen: • staatliche Leistungen **und** • ungerechtfertigte Ungleichbehandlung	• ausdrückliche Normierung, z.B. Art. 7 IV • ausnahmsweise aus Sozialstaatsprinzip oder staatl. Schutzpflicht
⇨ Anspruch aus **Freiheitsgrundrecht i.V.m. Art. 3 I**	⇨ **unmittelbarer** Anspruch

Was ist unter derivativen bzw. originären Teilhaberechten zu verstehen?

↳ Staats-/VerfR: Karteikarte Nr. 6 ; StaatsR I, Rn. 13 f.

Grundrechtsberechtigung

↓

Auf Schutzbereich des jeweiligen Grundrechts abstellen, § 1 BGB ist unerheblich

Problemfälle:

Nasciturus	nach dem Tode
Art. 2 II S. 1 GG	postmortales Persönlichkeitsrecht, Art. 1 I GG

Setzt die Grundrechtsberechtigung einer natürlichen Person Rechtsfähigkeit i.S.v. § 1 BGB voraus?

↳ Staats-/VerfR: Karteikarte Nr. 9

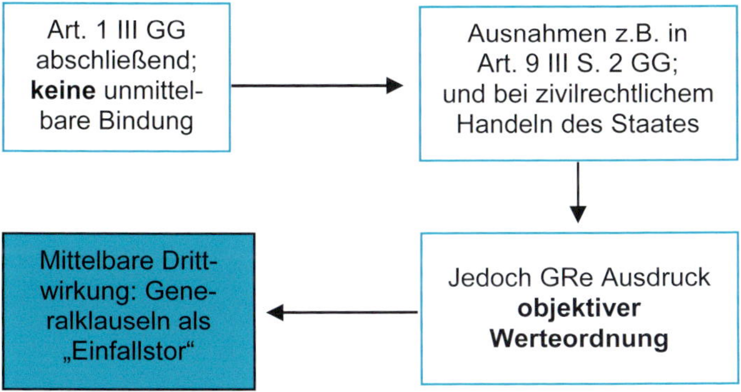

Inwiefern ist von einer Bindungswirkung der Grundrechte im Privatrecht auszugehen?

Fundiertes Wissen:
Die schon vorhandene Gedächtnisspur wird durch eine weitere Wiederholung vertieft. Wir empfehlen nach 1 Woche eine Wiederholung der hier einsortierten Karteikarten. So retten Sie das Gelernte in das Langzeitgedächtnis. Das Wiederholen geht jetzt schon viel schneller. Stichwortartig memorieren Sie die Hauptpunkte der Lösung.

Haben Sie sich an das Gelernte umfänglich erinnert?

✔ **Die Karteikarte darf vorrücken zu 5. Langzeitgedächtnis.**

✘ **Die Karteikarte wird noch nicht so sicher und schnell beherrscht wie gewünscht.**
Belassen Sie die Karte in Stufe 4.

In diesem Fall weder § 31 II BauGB (Dispens **nicht konkludent** erteilbar) noch § 15 BauNVO (Vorhaben entspricht **nicht** Festsetzungen des BBPl.) direkt anwendbar

Gefahr: BauGen.Behörde könnte durch Nichterteilung des Dispenses dem Nachbarn den Rechtsschutz „entziehen": Art. 19 IV GG!

Deshalb: Rechtsgedanken der §§ 15 I BauNVO, 31 II BauGB, Gebot der Rücksichtnahme kann angeführt werden, subj. Rechtsverletzung (+), wenn GdR verletzt wäre und Drittschutz entfalten würde.

Wie lässt sich eine subjektive Rechtsverletzung begründen, wenn die Genehmigung abweichend von nicht drittschützenden Festsetzungen eines Bebauungsplanes erteilt wird, ohne dass der Weg des § 31 II BauGB eingeschlagen wurde?

§ 31 I BauGB	• Subj. RVerl. (+), wenn Festsetzung selbst drittschützend • Sonst: § 15 BauNVO: auch wenn Vorhaben nach Ausnahmeregelung des BBPl. grds. zulässig: Unzulässigkeit im Einzelfall ⇨ Drittschutzcharakter des GdR prüfen!
§ 31 II BauGB	• drittschützend: „Würdigung nachbarl. Interessen" als Ausdruck des **GdR**, wenn GdR im Einzelfall drittschützend (vgl. KK 140) • wie oben (+), wenn Festsetzung, von der Dispens erteilt wird, selbst drittschützend ist

Wie lässt sich ein Drittschutz bei Vorhaben, die unter Ausnahmen oder Befreiungen nach § 31 BauGB genehmigt wurden, herleiten?

Drittschutz im beplanten Bereich (§ 30 BauGB)

§ 30 BauGB selbst nicht drittschützend, jedoch: Einzelne Festsetzungen des BBPl. können Drittschutz vermitteln

Festsetzung bzgl. Art der Nutzung

immer drittschützend, da Immissionsschutz beabsichtigt

Sonstige Festsetzung

Durch Auslegung der Festsetzung zu ermitteln, v.a. Willen der Gemeinde berücksichtigen

Ist § 30 BauGB drittschützend?

§ 15 I BauNVO	§ 34 I BauGB	§ 35 III BauGB
	„Einfügen"	S. 3 Nr. 3 u. ungeschr. Belang

Gebot der Rücksichtnahme

GdR = grds. nur objektives Prinzip	**Aber:** Hat drittschützenden Charakter, wenn: • in individualisierter und qualifizierter Weise • auf schutzwürdige Interessen • eines klar abgrenzbaren Personenkreises Rücksicht zu nehmen ist

Wie ergibt sich ein Drittschutz aus den
§ 15 BauNVO, § 34 I und § 35 III BauGB?

Begründetheit der Anfechtungsklage

I.	Passivlegitimation (bzw. schon in Zulässigkeit prüfen)	
II.	Rechtmäßigkeit der Baugenehmigung	
III.	Subj. Rechtsverletzung des Klägers:	
	1.	Verletzte Norm drittschützend?
	2.	Fällt Kläger im konkreten Fall in den Schutzbereich der fraglichen Norm?

→ Unter II. festgestellte Rechtsverstöße hiernach einzeln überprüfen!

In welchen Schritten ist also die Begründetheit der (Dritt-)Anfechtungsklage zu prüfen?

Baugenehmigung, die gegen eine Rechtsvorschrift verstößt, ist rechtswidrig

Aber: AK nur begründet, wenn auch **subj. RVerletzung**: tatsächlicher Verstoß gegen eine den Kläger schützende Norm.
⇨ hier im Einzelnen die verletzten Vorschriften auf Drittschutz prüfen

Deshalb: Bei Prüfung der Rmk. müssen zunächst alle Verstöße festgestellt werden!

Warum ist es i.R.e. Gutachtens empfehlenswert, bei der Begründetheit einer Anfechtungsklage gegen eine Baugenehmigung durch Dritte jeden denkbaren Rechtsverstoß zu prüfen?

Klagebefugnis des Nachbarn, § 42 II VwGO

Möglichkeit einer subjektiven Rechtsverletzung?

Schutznormtheorie:

Klagebefugnis (+), wenn bei Erteilung der BauGen. möglicherweise Norm verletzt, die (zumindest auch) drittschützenden Charakter zugunsten des klagenden Nachbarn hat

Wonach richtet sich demnach die Klagebefugnis des anfechtenden Nachbarn?

Mögliche Verletzung subjektiver Rechte i.d.R. (+), wenn Adressat eines belastenden VA: Verletzung des Art. 2 I GG möglich („Adressatentheorie")

LandesBauOen sehen regelmäßig Zustellung der Baugenehmigg. an den Nachbarn vor (in Bayern Art. 66 I S. 6 BayBO)

Aber: Nachbar ist allein Empfänger der Ausfertigung der Baugenehmigung, nicht deren Adressat; Adressat ist allein der **Bauherr**! Nur an diesen sind Regelungen der Baugenehmigung **unmittelbar** gerichtet!

Kann sich die Klagebefugnis des Nachbarn, § 42 II VwGO, aus einer Adressatenstellung ergeben?

Rechtsschutz des Nachbarn gegen Baugenehmigung

BauGen. = VA mit Doppelwirkung, (evtl.) belastend für Nachbarn
⇨ **Anfechtungsklage**, § 42 I Alt. 1 VwGO nach vorherigem **Widerspruch**, §§ 68 ff. VwGO

Zur Wiederherstellung des präventiven Bauverbotes wg. § 212a BauGB **Aussetzung der Vollziehung** nötig
⇨ §§ 80a I Nr. 2, III S. 2, 80 V VwGO

Welche verwaltungsprozessualen Möglichkeiten stehen dem Nachbarn gegen eine dem Bauwilligen erteilte Baugenehmigung zu?

Beiladung im Normenkontrollverfahren

↓

§ 47 II S. 4 verweist auf § 65 I VwGO:
Einfache Beiladung, keine notwendige

Findet im Normenkontrollverfahren eine Beiladung nach § 65 VwGO statt?

M.M.: Argumente gegen Antragsbefugnis des Mieters

(1)	Angleichung des § 47 II VwGO an § 42 II VwGO durch Änderungsgesetz 1997: Bisherige Herleitung der Antragsbefugnis aus § 1 VII BauGB soll nicht mehr mgl. sein
(2)	BauR = **grundstücks**bezogen, schafft Interessenausgleich nur zwischen **dinglich** Berechtigten, vgl. auch LandesBauOen, z.B. Art. 66 III S. 1 BayBO
(3)	Mieter hat sich an Vermieter auf Zivilrechtsweg zu halten
(4)	Mieter kann nach h.M. auch nicht Baugenehmigung für Vorhaben auf Nachbargrundstück anfechten

Was spricht gegen eine Antragsbefugnis des Mieters?

Antragsbefugnis des Mieters

ex Art. 14 GG

(-), da nur im Verhältnis zum **Vermieter** anerkannt; nach h.M. **keine** Antragsbefugnis hieraus

→ wohl aber: ex Art. 2 II S. 1 GG bei zu befürchtenden Gesundheitsschäden von einigem Gewicht

ex § 1 VII BauGB

Interesse des Mieters als möglicher abwägungsrelevanter privater Belang (KK Nr. 104)

Denkbar: § 1 VII BauGB als drittschützende Norm möglicherweise verletzt: Belange des Mieters nicht ausreichend gewürdigt (⇨ Schutznormtheorie)

→ Antragsbefugnis (+)

→ so BVerwG!

Mit welcher Argumentation lässt sich die Antragsbefugnis eines Mieters, der nachteilige Wirkungen durch aufgrund des Bebauungsplanes zulässige Bauvorhaben fürchtet, bejahen?

Normenkontrollantrag einer Nachbargemeinde

Als **Behörde**	Als **jur. Person**
Gemeinde = Behörde, § 47 II S. 1 VwGO; Antragsbefugnis folgt aus Antragsberechtigung	(+), Gemeinde als Gebietskörperschaft d.ö.R. = jur. Person
Als „Rechtsschutzbedürfnis“ aber **obj. Kontrollinteresse** erforderlich: Behörde muss mit Normvollzug **befasst** sein ⇨ bei **Nachbargemeinde** nicht der Fall, (-)!	Antragsbefugnis wg. Möglichkeit der Verletzung der Abstimmungspflicht §§ 2 II, 1 VII BauGB als insoweit drittschützenden Normen (+)

Ist ein Antrag einer Nachbargemeinde,
die z.B. eine Verletzung
der Abstimmungspflicht nach §§ 2 II, 1 VII BauGB
geltend macht, zulässig?

Statthaftigkeit

Verbot der **präventiven Normenkontrolle**: Wäre unzul. Eingriff in Planungshoheit (Art. 28 II GG): Vorschrift muss bereits **erlassen** sein: Abschluss der normativen Willensbildung

Frühester ZP ist Bekanntmachung, § 10 III S. 1 BauGB; fällt mit ZP des Inkrafttretens zusammen, § 10 III S. 4 BauGB, d.h. vor Inkrafttreten NK nicht mgl.

Grds. auch Genehmigung nach § 10 II BauGB abzuwarten.
Ausnahme: Gemeinde hält Genehmigung (unrichtigerweise) nicht für erforderlich

Ist für die Statthaftigkeit des Antrags nach § 47 VwGO das Inkrafttreten des Bebauungsplanes erforderlich?

Rechtsschutz gegen Bebauungspläne

Normenkontrolle § 47 VwGO	(+), BBPl. ist Satzung i.S.v. § 47 I Nr. 1 VwGO, § 10 I BauGB
Abstr. Normenkontrolle, Art. 93 I Nr. 2 GG	BBPl. zwar „Landesrecht“, jedoch nur begrenzter Kreis der Antragsberechtigten
Verfassungsbeschwerde, Art. 93 I Nr. 4a	(+), aber Rechtswegerschöpfung (§ 90 II BVerfGG) beachten: Antrag nach § 47 VwGO!
Landesverfassungsbeschwerde	grds. (+), in Bayern: Nie gegen Normen, dann nur Popularklage (Art. 98 S. 4 BayVerf.), nicht VB (Art. 120 BayVerf.)

Auf welche Weise ist ein (unmittelbarer) Rechtsschutz gegen Bebauungspläne möglich?

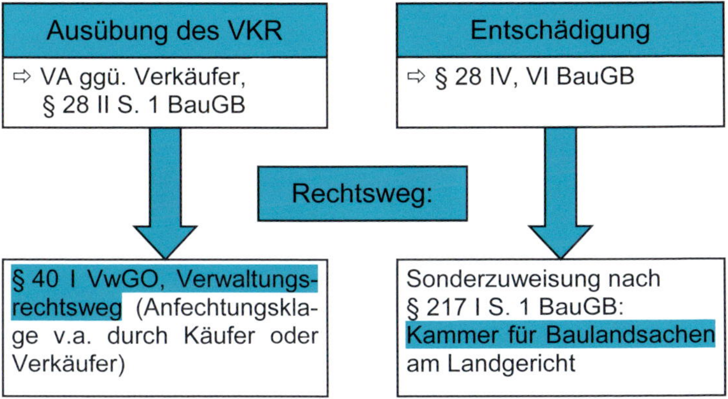
Ausübung des VKR
⇨ VA ggü. Verkäufer, § 28 II S. 1 BauGB
Entschädigung
⇨ § 28 IV, VI BauGB
Rechtsweg:
§ 40 I VwGO, Verwaltungsrechtsweg (Anfechtungsklage v.a. durch Käufer oder Verkäufer)
Sonderzuweisung nach § 217 I S. 1 BauGB: Kammer für Baulandsachen am Landgericht

Wie ist die Ausübung des Vorkaufsrechtes rechtlich zu qualifizieren?
Welcher Rechtsweg ist hiergegen, welcher bzgl. Entschädigungen nach § 28 BauGB eröffnet?

Gemeindliche Vorkaufsrechte, §§ 24 ff. BauGB

Zweck: Sicherung der Bauleitplanung und sonstiger städtebaul. Maßnahmen: Gemeindl. Eigentum an bestimmten GSt.en im Sinne einer geordneten städtebaul. Entwicklung geboten; Instrument der Gemeinde, sich diese zu verschaffen

§ 24 I BauGB	§ 25 I BauGB
Allgemeines VKR **kraft Gesetzes**	VKR aufgrund **gemeindl. Satzung**: „SatzungsVKR“

Welchem Zweck dienen die §§ 24 ff. BauGB?
Zwischen welchen Arten von Vorkaufsrechten ist zu unterscheiden?

Wegen Gesetzesänderungen weggefallen

Wegen Gesetzesänderungen weggefallen

Zurückstellung von Baugesuchen, § 15 BauGB

Antrag der Gemeinde bei Baugenehmigungsbehörde

Voraussetzungen	• Voraussetzungen einer Veränderungssperre (vgl. KK Nr. 122) • Befürchtung, dass Planung unmöglich / wesentl. erschwert wird, § 15 I S. 1 a.E.
Wirkung der Zurückstellung durch BGen.Behörde	• Aussetzung der Entsch. über BauGen. • Bei fehlender Genehmigungspflichtigkeit vorläufige Untersagung, § 15 I S. 2

→ VA !

Unter welchen Voraussetzungen ist einem Antrag der Gemeinde auf Zurückstellung eines Baugesuchs stattzugeben? Welche Rechtsfolgen hat diese?

Auslegung von § 14 III BauGB

h.M. → **Deklaratorisch**

Klarstellung: Bzgl. Rmk. der Baugenehmigung auf ZP deren Erteilung abzustellen, nachträgl. Veränderungen unbeachtlich

§§ 48, 49 VwVfG bleiben anwendbar; in Betracht kommt § 49 II Nr. 4 VwVfG; allerdings (-), wenn mit Bau schon begonnen.
Überzeugend, da Bauherr ausreichend geschützt!

e.A. → **Konstitutiv**

§ 14 III BauGB **verdrängt** als lex specialis die allgemeinen Aufhebungsmöglichkeiten nach §§ 48, 49 LandesVwVfG

Kann nach Aufstellung einer Veränderungssperre eine vorher erteilte Baugenehmigung aufgehoben werden?

Materielle Anforderungen an Veränderungssperre

(1)	Wirksamer Aufstellungsbeschluss i.S.v. § 2 I S. 2 BauGB
(2)	Aufstellungsbeschluss muss Konturen der beabs. Planung soweit erkennen lassen, dass Erforderlichkeit der Veränderungssperre nachvollzogen werden kann
(3)	Bzgl. beabs. Planung darf nicht unter keinen Umständen vorstellbar sein, dass BBPl. rechtmäßig zustandekommt (**selten** anzunehmen)

Welche (materiellen) Anforderungen sind an eine Satzung über eine Veränderungssperre zu stellen?

Veränderungssperre, §§ 14, 16 - 18 BauGB

Funktion	Gemeinde kann verhindern, dass während der Aufstellung eines BBPl. bauliche Veränderungen die Planung behindern bzw. erschweren
Wirkungen	• Unzulässigkeit von Vorhaben nach § 29 BauGB, § 14 I Nr. 1 ⇨ Genehmigung ist zu versagen
	• Unzulässigkeit auch nicht genehmigungsbedürftiger Veränderungen, § 14 I Nr. 2; sind mat. baurechtswidrig, bauordnungsrechtl. Maßnahmen möglich (LandesBauO)

Welche Funktion hat die Aufstellung einer Veränderungssperre?
Welche Rechtswirkungen ergeben sich aus einer solchen?

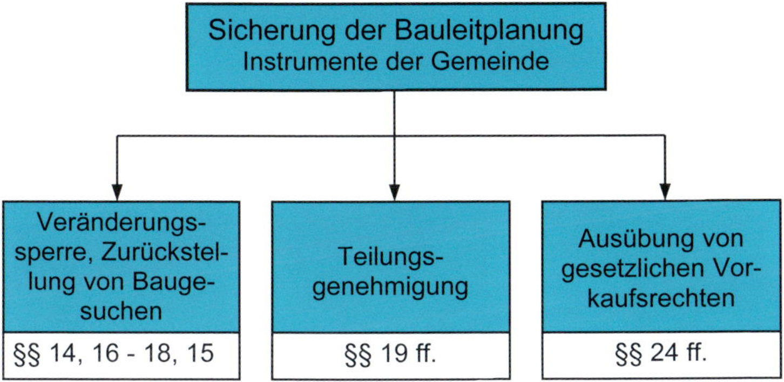
Sicherung der Bauleitplanung
Instrumente der Gemeinde
Veränderungssperre, Zurückstellung von Baugesuchen
§§ 14, 16 - 18, 15
Teilungsgenehmigung
§§ 19 ff.
Ausübung von gesetzlichen Vorkaufsrechten
§§ 24 ff.

Welche Instrumente stehen der Gemeinde zur Sicherung der Bauleitplanung zur Verfügung?

§ 214 IV BauGB

Anwendungsbereich	Geltung für **Satzungen**, auch für FlNPl., BBPl., Veränderungssperren etc. (⇨ § 10 I, § 16 I BauGB)
	Grds. anwendbar bei **allen Fehlern**, die nicht schon nach § 214 I - III unbeachtlich sind

Behebbarkeit im erg. Verfahren	Mängel, die die Grundzüge der Planung nicht berühren; v.a. keine komplette Neudurchführung der Abwägung.

Beschreiben Sie den Anwendungsbereich des § 214 IV BauGB! Wann kann ein Fehler im ergänzenden Verfahren behoben werden?

§ 215 II BauGB
Rechtsfolgen:

↓

Hinweis **keine** Rechtmäßigkeitsvoraussetzung des Bauleitplanes

→

<u>Aber:</u> Ohne Hinweis werden Fehler **nicht** nach § 215 I BauGB **unbeachtlich**!

Welche Rechtsfolgen hat ein unterbliebener Hinweis nach § 215 II BauGB?

§ 215 I BauGB

Nr. 1 u. Nr. 2: Nach § 214 I S. 1 Nr.1 - 3 und II beachtliche Verfahrens-/ Formfehler

Nr. 3: Nur Fehler im Abwägungsvorgang, nicht im Abwägungsergebnis

→ Sofern keine Geltendmachung innerhalb von **einem Jahr** nach Bekanntmachung

Wann werden welche Fehler nach § 215 I BauGB unbeachtlich?

§ 214 III S. 2 BauGB

Erfasste Fehler:

Nur Fehler im Abwägungsvorgang ⇨ Fehler im Ergebnis immer relevant

Voraussetzungen

- **Offensichtlich:** auf obj. fassbaren Umständen beruhend, z.B. aus Begründung, Protokollen etc. erkennbar
- **Erheblich:** Möglichkeit, dass bei ordnungsgem. Abwägungsvorgang anders geplant worden wäre

Welche Fehler sind unter welchen Voraussetzungen nach § 214 III S. 2 BauGB unbeachtlich?

§ 214 I BauGB	§ 214 II Nr. 3 BauGB
Es geht um **formelle** Fehlerhaftigkeit eines Bauleitplanes	Es geht um **materielle** Fehlerhaftigkeit eines **Bebauungsplanes** wg. **Entwicklung** aus formell fehlerhaftem FlNPl. (§ 8)
Nur Verstöße gegen Verfahrens-/Formvorschriften des **BauGB** erfasst	Auch sonstige Verfahrens-/Formvorschriften erfasst, e contrario § 214 I S. 1 BauGB

Sowohl § 214 I BauGB als auch § 214 II Nr. 3 BauGB beziehen sich auf Verfahrens-/Formfehler eines Bauleitplanes. Worin liegt der Unterschied?

„Interne Unbeachtlichkeitsklausel“

Ausdr. erwähnter Fehler in § 214 I BauGB
⇨ grds. beachtlich

⇕

Interne Unbeachtlichkeitsklausel:	**Ausnahme** innerhalb von § 214 I S. 1 Nr. 2 u. 3 BauGB („dabei ist unbeachtlich“)

Was ist unter einer „internen Unbeachtlichkeitsklausel“ innerhalb des § 214 I BauGB zu verstehen?

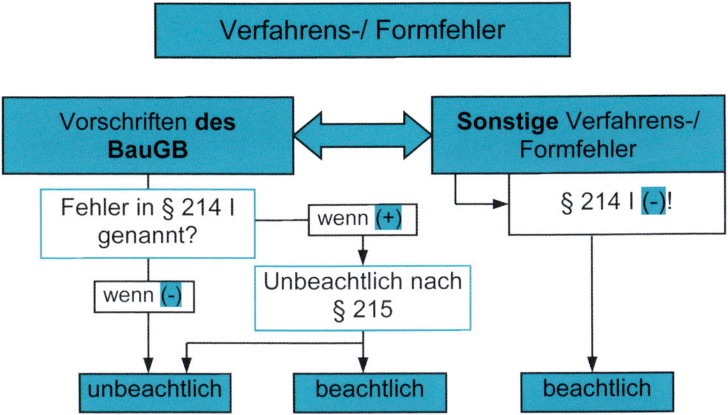
Verfahrens-/ Formfehler
Vorschriften **des BauGB**
Sonstige Verfahrens-/ Formfehler
Fehler in § 214 I genannt?
wenn (+)
§ 214 I (-)!
wenn (-)
Unbeachtlich nach § 215
unbeachtlich
beachtlich
beachtlich

Welche Differenzierungen sind bei Verfahrens-/ Formfehlern hinsichtlich ihrer Beachtlichkeit zu treffen?

Planerhaltung, §§ 214 ff. BauGB

1. Schritt Fehler schon nach § 214 BauGB **unbeachtlich**?

↓ wenn (-)

2. Schritt Nach § 215 BauGB unbeachtlich **geworden**?

In welchen Schritten ist die Prüfung der §§ 214 ff. BauGB vorzunehmen?

Folgen der Rechtswidrigkeit einer hoheitlichen Maßnahme

Verwaltungsakt

Trotz Rwk. im Regelfall **wirksam**, aber anfechtbar; Ausnahme: Nichtigkeit, § 44 VwVfG

Rechtsnorm

grds. Rwk. ⇨ Nichtigkeit

⇕

Bauleitplan

Ausnahmsweise **keine** Nichtigkeit: §§ 214 ff. BauGB

Hat die Rechtswidrigkeit eines Bauleitplanes zwangsläufig dessen Nichtigkeit zur Folge?

Voraussetzungen für interkommunale Abstimmungspflicht (nach BayVGH)

(1)	Von beabsichtigter Planung könnten „unmittelbare Auswirkungen gewichtiger Art" auf Nachbargemeinde ausgehen, die „städtebaulichen Bezug" haben
(2)	**Nachbargemeinde:** Nicht auf Angrenzen des Gemeindegebietes abstellen, sondern auf Bereich der planungsrechtl. Auswirkungen

→ **Unbeachtlich**, ob in anderer Gemeinde Bauleitplan oder entspr. Planungsabsicht besteht

Besteht für die planende Gemeinde in jedem Fall eine interkommunale Abstimmungspflicht?

Interkommunales Abstimmungsgebot, § 2 II BauGB

↓

Als Ausgestaltung des Abwägungsgebotes zu verstehen: Abstimmung muss in Abwägung einfließen, ohne dass Gemeinde Abwägungsfehler unterlaufen

letztlich: § 2 II BauGB als Normierung eines abwägungsrelevanten öffentl. Belanges!

Wo in der Überprüfung der materiellen Rechtmäßigkeit eines Bauleitplanes ist § 2 II BauGB einzuordnen?

Zulässigkeit der Vorwegbindung (nach BVerwG)

in diesen Fällen kein rechtswidrig verkürzter Abwägungsvorgang durch (rechtl. oder tatsächl.) Vorwegbindung:

(1)	Vorwegnahme ist sachlich gerechtfertigt
(2)	Zuständigkeitsordnung bleibt gewahrt; kommunalrechtl. zuständiges Organ muss Zusage gegeben haben
(3)	Vorweggenommene Entscheidung auch inhaltlich nicht zu beanstanden, Abwägung!

Unter welchen Voraussetzungen ist eine Vorwegbindung zulässig?

Vorwegbindung
Problematik

Interesse der Gemeinde und v.a. ansässiger Privater (z.B. Unternehmen), Bauleitplanung durch Zusagen, Besprechungen oder Verträge vorzubereiten

↕

Nach § 1 VII BauGB müsste im Verfahren der Bauleitplanung unabhängig hiervon abgewogen werden; anderenfalls v.a. **Abwägungsdefizit** oder gar **Abwägungsausfall**

Inwiefern ist eine sog. Vorwegbindung der planenden Gemeinde problematisch?

Gebot der Konfliktbewältigung

Gemeinde hat die durch Planung entstehenden Konflikte zu würdigen und so weit wie möglich zu lösen ⇨ ggf. detaillierte Regelungen im Bauleitplan erforderlich

Gleichzeitig aber Recht der Gemeinde auf planerische Zurückhaltung: Offenlassen von möglichen Konflikten, wenn in späterem Verfahren zu bewältigen, z.B. § 15 BauNVO bei Einzelvorhaben

Verortung in Abwägungsfehlerlehre:

- bei Nichtberücksichtigung von (v.a. privaten) Belangen: Abwägungsdefizit
- sonst: Problem d. Abwägungsdisproportionalität

Erläutern Sie den Inhalt des „Gebots der Konfliktbewältigung“. Wie lässt es sich in die allgemeine Abwägungsfehlerlehre einordnen?

Trennungsprinzip

Optimierungsgebot, vgl. § 50 BImSchG: Miteinander wg. Immissionen unverträglicher Nutzungen soll vermieden werden, Orientierung an Gebietstypen der § 1 I, II BauNVO

Jedoch kein striktes Prinzip, Gebiete in Reihenfolge der §§ 2 ff. BauNVO anzuordnen; v.a. bei vorhandenen Gemengelagen

Verortung in Abwägungsfehlerlehre:

Letztlich nur Konkretisierung des Gebots gerechter Abwägung; bei **Abwägungsdisproportionalität** ansprechen!

Was besagt das Trennungsprinzip und wie lässt es sich in die Abwägungsfehlerlehre einordnen?

Abwägungsrelevante private Belange

Nicht auf Grundrechte oder subj. Rechtspositionen beschränkt; auch bloße Interessen unter folgenden Voraussetzungen:

(1)	Interesse nicht obj. geringwertig	
(2)	Interesse schutzwürdig	(-), wenn R-Ordnung entgegensteht, z.B. Schwarzbau
(3)	• **nicht** nur **geringfügige** • **wahrscheinliche** • und **erkennbare** Betroffenheit des Interesses	

Unter welchen Voraussetzungen sind private Belange in die Abwägung einzustellen?

Abwägungsrelevante öffentliche Belange

Weit zu verstehen: Alle öffentl. Interessen, die mit Bodennutzung in Zusammenhang stehen und damit durch Planung betroffen werden können.

Anhaltspunkte:

- § 1 VI BauGB
- § 1a BauGB
- Planungshoheit der Nachbargemeinden, § 2 II BauGB

Nennen Sie die wesentlichen in die Abwägung einzustellenden öffentlichen Belange!

Materielle Abwägungsfehler, § 1 VII BauGB

Abwägungsergebnis

Abwägungsdisproportionalität

Abwägungs**ergebnis** steht **zur objektiven Gewichtung** der einzelnen Belange in krassem Missverhältnis

Wann ist im Abwägungsergebnis ein Abwägungsfehler zu sehen?

**Formelle Abwägungsfehler,
§ 2 III BauGB (a.A.: § 1 VII BauGB)**

Abwägungsvorgang

Abwägungs-ausfall	Abwägung hat überhaupt nicht stattgefunden
Abwägungs-defizit	Nicht alle in Abwägung einzustellenden Belange wurden tatsächlich eingestellt
Abwägungs-fehlein-schätzung	Die Bedeutung eines (oder mehrerer) Belange wurde verkannt

Welche Arten von Abwägungsfehlern kommen im Abwägungsvorgang in Betracht?

Abwägungsgebot, § 1 VII BauGB

Gemeinde steht planerisches Ermessen zu
⇨ wg. Art. 28 II GG sowie Gewaltenteilung eingeschränkte gerichtliche Überprüfbarkeit auf sog. **Abwägungsfehler**

Vergleichbar mit eingeschränkter Nachprüfung von Ermessensentscheidungen, **§ 114 S. 1 VwGO**

Ist die Abwägung nach § 1 VII BauGB voll gerichtlich überprüfbar? Warum? Bestehen Parallelen zum „gewöhnlichen“ Verwaltungsprozess?

Planungsleitlinien des § 1 VI BauGB

Belange oft gegenläufig und daher selten voll zu verwirklichen
⇨ bloße **Berücksichtigungsgebote**, Gemeinde muss Belange bei Planung im Auge behalten

Vor Prüfung der Abwägung § 1 VI BauGB kurz ansprechen / einordnen; **richtige Gewichtung** bzw. **Verwirklichung** der Belange erst in Abwägung (§ 1 VII BauGB) prüfen!

Handelt es sich bei den Aufzählungen in § 1 V, VI BauGB um strikte Vorgaben, die durch die Bauleitplanung umgesetzt werden müssen?

Zulässige Regelungen in Bauleitplänen

FlNPl.	BBPl.
Katalog des § 5 II BauGB **nicht abschließend**, weites planerisches Ermessen der Gemeinde bzgl. Inhalt und Darstellungsschärfe	**Abschließender** Katalog in § 9 I (- IV) BauGB, konkretisiert durch BauNVO
<u>Grenze:</u> Entwicklung des BBPl. aus FlNPl. (§ 8 II S. 1) muss möglich bleiben	

Welcher wesentliche Unterschied besteht zwischen den Katalogen zulässiger Regelungen nach § 5 II BauGB und § 9 I BauGB?

Unwirksamkeit des FlNPl.

Entwicklungsgebot fordert Entwicklung aus wirksamem FlNPl.
⇨ grds. Verstoß gegen § 8 II S. 1 BauGB, Rwk. des BBPl.!

§ 8 II S. 2, IV BauGB

Unbeachtlich, wenn BBPl. keines FlNPl. bedarf; dabei § 8 II S. 2 eher selten, da (unwirks.) FlNPl. meist auch erforderlich

§ 214 II Nr. 3 BauGB

FlNPl. wg. Verfahrens-/Formfehler unwirksam, die sich nach dessen Bekanntmachung herausstellen ⇨ für BBPl. unbeachtlich

Welche Auswirkung hat die Unwirksamkeit eines Flächennutzungsplanes für den daraus entwickelten Bebauungsplan?

Ausnahmen vom Entwicklungsgebot

Selbstst. BBPl. § 8 II S. 2 BauGB	FlNPl. entbehrlich, wenn BBPl. f. städtebaul. Entwicklung ausreicht (selten)
Parallelverfahren § 8 III BauGB	Gleichzeitige Aufstellung/Ergänzung/Änderung des FlNPl. möglich; vorherige Bekanntmachung des BBPl. möglich
Vorzeitiger BBPl. § 8 IV BauGB	Entbehrlichkeit des FlNPl. bei dringenden Gründen und kein Entgegenstehen bzgl. städtebaul. Entwicklung

In welchen Fällen gilt das Entwicklungsgebot nicht bzw. nur eingeschränkt?

Entwicklungsgebot
Zulässigkeit von Abweichungen

Entwicklung meint nicht nur Konkretisierung oder Ausgestaltung:
BBPl. kann im Einzelfall auch von Festsetzungen des FlNPl. abweichen

Grenze: Planerische Grundkonzeption des FlNPl. wird verlassen, v.a. bei besonders gravierenden Abweichungen des BBPl.

Lässt das Entwicklungsgebot des § 8 II S. 1 BauGB Abweichungen des Bebauungsplanes gegenüber dem zugrundeliegenden Flächennutzungsplan zu?

Materielle Rmk. von Bauleitplänen

Planerforderlichkeit	§ 1 III
Anpassungsgrundsatz	§ 1 IV
(beim BBPl.) Entwicklungsgebot	§ 8 II
Erläuterungbericht / Begründung	§ 5 V, § 9 VIII S. 1
Zulässige Regelungen	§§ 5 I, II, 9 I
Berücksichtigung der Planungsleitlinien	§ 1 VI
Ordnungsgemäße Abwägung	§ 1 VII

Welche Punkte sind bei der Prüfung der materiellen Rechtmäßigkeit eines Bauleitplanes vor allem zu berücksichtigen?

Vereinfachtes Verfahren, § 13 BauGB

Änderungen/ Ergänzungen eines BLPlans	**Änderung/ Ergänzung eines Planentwurfes**	Satzungen nach § 34 IV
sofern **Grundzüge** der Planung **nicht berührt** ⇨ § 13 BauGB	sofern **Grundzüge** der Planung **nicht berührt** ⇨ § 4a III BauGB	⇨ § 34 V S. 1 BauGB

Nennen Sie drei Fälle, bei denen ein vereinfachtes Verfahren der Bauleitplanung durchgeführt werden kann!

Anfechtung der aufsichtlichen Genehmigung

Aus Sicht des Bürgers ist Genehmigung Teil des Rechtsetzungsverfahrens ⇨ mangels Außenwirkung ggü. Bürger **kein VA** (daher Genehmigung = relativer VA)

⇩

Rechtsschutz **nur gegen Bauleitplan** (soweit möglich, vgl. KK Nr. 70, 72)

Kann ein Bürger die aufsichtliche Genehmigung nach § 6 I BauGB isoliert anfechten?

Klage auf Erteilung der Genehmigung nach § 6 I BauGB

Rechtsnatur

Genehmigung ist ggü. Gemeinde ein **VA**

Geltendmachung im Wege der **Verpflichtungsklage**, § 42 I Alt. 2 VwGO

Anspruch der Gemeinde, wenn Voraussetzungen der Genehmigung vorliegen, d.h.: Rmk. des Bauleitplanes

Kann die planende Gemeinde auf gerichtlichem Wege eine rechtswidrig versagte Genehmigung i.S.v. § 6 I BauGB erlangen?

Aufsichtliche Genehmigung
§ 6 I BauGB

Prüfungsumfang

Reine **Rechtsaufsicht**: Prüfung des rechtmäßigen Zustandekommens (formell + materiell): § 6 II (§ 10 II S. 2) BauGB

Auch nach §§ 214 f. BauGB werden unbeachtliche Rechtsverstöße geprüft: § 216 BauGB

Unter welchen Voraussetzungen darf die Genehmigung nach § 6 I BauGB versagt werden? Sind hierbei Vorschriften der §§ 214 ff. BauGB zu beachten?

Aufsichtl. Genehmigung bei Bauleitplänen

Flächennutzungsplan

immer, § 6 I

Bebauungsplan

grds. (-); Ausnahme nach § 10 II S. 1 bei Abweichung von Entwicklungsgebot: § 8 II - IV

Zuständigkeit nach § 203 III BauGB i.V.m. LandesVOBau

Bedürfen Bauleitpläne zu ihrer Wirksamkeit einer besonderen aufsichtlichen Genehmigung? Welche Behörde ist hierfür zuständig?

Persönliche Beteiligung beim FlNPl.

(-)

FlNPl. als vorbereitender Bauleitplan: grds. keine unmittelbare Außenwirkung; dennoch unmittelbarer Vor-/Nachteil **denkbar**: Grundstücke werden zu **„Bauerwartungsland“**! (str.)

<u>Neuaufstellung</u> eines FlNPl.: Städtebaul. Entwicklung, nicht Nutzung einzelner Grdste. steht im Vordergrund; zudem wg. Geltung für ges. Gemeindegebiet (§ 5 I S. 1) oft Beschlussunfähigkeit des GR!

str.

<u>Änderung</u> eines FlNPl.: Hier wohl Sonderinteresse d. Grdst.-Eigentümer (+) (str.)

Ist bei der Aufstellung eines Flächennutzungsplanes von einer persönlichen Beteiligung der Gemeinderatsmitglieder auszugehen, die Eigentümer eines planbetroffenen Grundstückes sind?

Ausschluss wg. persönlicher Beteiligung beim BBPl.
(in Bayern: Art. 49 BayGO)

Erforderlichkeit eines unmittelbaren individuellen Sonderinteresses an Zustandekommen/Scheitern des BBPl.; **kein** bloßes Gruppeninteresse

→

BBPl. ändert Zulässigkeit bodenrechtl. Nutzung **unmittelbar;** Sonderinteresse v.a. bei Grundstückseigentümern im Planbereich (+)

Können einzelne (ortsansässige) Gemeinderatsmitglieder nach Landesrecht wegen persönlicher Beteiligung von der Abstimmung über einen Bebauungsplan ausgeschlossen sein?

Präklusionswirkung des § 4a VI BauGB

Formelle Präklusion

Bürger und Träger öffentlicher Belange können Einwendungen **nur** innerhalb der Fristen nach §§ 3 II, 4 II BauGB vortragen

Materielle Präklusion

Bzgl. Abwägung § 1 VII BauGB **eingeschränkte mat.** Präklusion: (-) bei Kenntnis/Kennenmüssen od. Auswirkung auf Rmk. der Abwägung

→ letztlich Klarstellung der allgemeinen Abwägungsfehlerlehre: Erkennbar betroffene Belange sind zu berücksichtigen!

Welche Art der Präklusion regelt § 4a VI BauGB?

Träger öffentlicher Belange, § 4 BauGB

Behörden / Stellen, die Träger öffentl. Belange sind und deren Aufgabenbereich durch Planung berührt wird, § 4 I S. 1 BauGB

Öffentl.-rechtl. Rechtsträger

z.B. Nachbargemeinden, Naturschutzbehöre, Kirchen, Träger der Straßenbaulast etc.

Private Rechtsträger

Grds. (-), es sei denn:

durch/aufgrund Gesetz mit Wahrnehmung öffentl. Belange betraut, z.B.: private Elektrizitätsunternehmen

Nennen Sie Beispiele für nach § 4 BauGB zu beteiligende Träger öffentlicher Belange!

Fehlen des Billigungs- und Auslegungsbeschlusses

Keine Unbeachtlichkeit nach § 214 I BauGB, da (zumindest auch) nach gemeinderechtl. Grundsätzen erforderlich

§ 214 I BauGB erfasst nur formelle Fehler nach BauGB

⟷

Nach wohl **h.M.** aber **Heilung** jedenfalls durch wirksamen (Satzungs)-Beschluss

Welche Folge hat das Fehlen eines Billigungs- und Auslegungsbeschlusses für die Wirksamkeit des Bauleitplanes?

Billigungs- und Auslegungsbeschluss (vor Auslegung nach § 3 II BauGB)

str.; verschiedene Ansätze:

Systematik des BauGB

Auslegung macht nur Sinn, wenn Entwurf v. Gemeinde ernsthaft gebilligt ⇨ Beschluss erforderlich

Kommunalrechtl. Grundsätze

Mit Auslegung dringt Entwurf an die Öffentlichkeit ⇨ vorheriger Beschluss der Gemeinde nötig

Woraus kann sich die Erforderlichkeit des „Billigungs- und Auslegungsbeschlusses“ ergeben?

§ 3 II S. 2 BauGB: Wochenfrist	
Bekanntmachung **eine Woche** vor Auslegung	= Ereignisfrist; §§ 187 I, 188 II Alt. 1 BGB Ereignis = ZP der Bekanntmachung

§ 3 II S. 1 BauGB: Monatsfrist	
Dauer der Auslegung = **ein Monat**	= Ablauffrist; §§ 187 II, 188 II Alt. 2 BGB Tag d. Auslegungsbeginns mitrechnen

§ 3 II BauGB enthält zwei verschiedene Fristen. Um welche handelt es sich und wonach bestimmt sich ihre Berechnung?

Kein Verlust der Antragsbefugnis (§ 47 II VwGO) bei Nichtvorbringen des betroffenen Interesses innerhalb der Auslegungsphase, Präklusion nach § 47 IIa VwGO abgeschafft

aber § 4a VI BauGB, **eingeschränkte formelle Präklusion** im Genehmigungsverfahren

Verliert ein Bürger, der es unterlässt, während der Auslegungsfrist seine Interessen geltend zu machen, die Möglichkeit des Antrages nach § 47 VwGO?

Funktion der Bürgerbeteiligung	• Information der Gemeinde über evtl. abwägungsrelevante Belange • kontrollierende Einflussnahme der Bürger auf planende Gemeinde • Rechtsschutzfunktion: Schutz privater Belange ⇨ Nichtbeachtung kann Antragsbefugnis nach § 47 II VwGO begründen
Anforderungen an Bekanntmachung	**Anstoßfunktion:** evtl. betroffene Bürger müssen herausgefordert werden, Interessen geltend zu machen, drohende Präklusion, § 4a VI BauGB z.B. genaue geographische Bezeichnung des Plangebietes erforderlich

Welche Funktion hat die Bürgerbeteiligung nach § 3 I, II BauGB?
Welche inhaltlichen Anforderungen sind an die Bekanntmachung nach § 3 II S. 2 BauGB zu stellen?

Aufstellungsbeschluss

↓

Keine Wirksamkeitsvoraussetzung des Bauleitplanes

→

Jedoch Voraussetzung für
- Veränderungssperre (§ 14)
- Zurückstellung von Baugesuchen (§ 15)
- Zulässigkeit nach § 33

Welche rechtliche Bedeutung kommt dem Aufstellungsbeschluss im Rahmen der Bauleitplanung zu?

1. Aufstellungsbeschluss	§ 2 I S. 2 (BauGB)
2. Erste Bürgerbeteiligung und erste Beteiligung der Träger öfftl. Belange	§§ 3 I, 4 I S. 1, 4a°II
3. Ermittlung der für die Aufstellung bedeutenden Belange	§ 2 III
4. Umweltprüfung	§ 2 IV
5. Billigungs- und Auslegungsbeschluss	
6. Zweite Beteiligung der Bürger und der Träger öfftl. Belange	§ 3 II S. 1, 4
7. Auslegung des Entwurfs und zweite Bürgerbeteiligung	§ 3 II S. 1, vgl. auch § 4a II
8. Beschluss über BBPlan	§ 10 I
9. Evtl. Genehmigung, Bekanntmachung	§ 10 II, III (BBPl.), § 6 I (FlNPl.)

Geben Sie einen Überblick über die Verfahrensschritte beim Zustandekommen von Bauleitplänen!

Organkompetenz für Bauleitplanung

↓

Zuständigkeit des Gemeinderates, nicht des Bürgermeisters, vgl. LandesGO

→

Bauleitplanung jedoch durch Ausschuss des GR möglich, vgl. Art. 32 II S. 2 Nr. 2 BayGO

Wem kommt die Organkompetenz zur Bauleitplanung zu?

Verbandskompetenz für Bauleitplanung

§ 2 I S. 1 BauGB

Gemeinde verbandskompetent; Bauleitplanung als Element des komm. Selbstverwaltungsrechts (Art. 28 II GG) = Aufgabe des eigenen Wirkungskreises

Gemeindefreies Gebiet

Aufgaben durch LandesGO auf andere Hoheitsträger (z.B. Landratsamt) übertragen
Aber: Bauleitplanung durch BauGB als gemeindegebietsbezogen vorgesehen; keine Übertragung möglich, Art. 31 GG!

Wo liegt die Verbandskompetenz für die Aufstellung von Bauleitplänen?

Formelle Rmk. von Bauleitplänen

⇨ übliches Schema wie bei sonstigen Rechtsakten

(1) Zuständigkeit → (a) Verbandskompetenz; (b) Organkompetenz

(2) Verfahren

(3) Form ⇨ Begründung (BBPl., § 9 VIII / FlNPl., § 5 V)

In welchen Schritten ist die formelle Rechtmäßigkeit eines Bauleitplanes zu überprüfen?

	Funktion	Inhalt
FlNPl.	Umsetzung übergeordneter Planungen (z.B. Raumordnung) und Steuerung nachfolgender Bodennutzungen (v.a.: BBPl.)	• Grds. **auf ganzes Gemeindegebiet** bezogen, § 5 I S. 1 • **Undetaillierte** Darstellung, **ausfüllungsbedürftig** ⇨ § 5 II
BBPl.	**Rechtsverbindliche** Festsetzungen über Zulässigkeit städtebaulich relevanter Bodennutzungen	• i.d.R. auf **Teile** d. Gemeindegeb. **beschränkt**, vgl. § 9 VII • **detaillierte** Festsetzungen, **vollzugsfähig**

Stellen Sie Bebauungsplan und Flächennutzungsplan nach Funktion und Inhalt einander gegenüber!

Prinzipale Überprüfung nach § 47 VwGO nicht möglich, Ausnahme vgl. KK 72; Inzidentprüfung des FlNPl.:

Überprüfung eines BBPl. (inzident oder prinzipal)

Entwicklungsgebot des § 8 II S. 1 BauGB setzt wirksamen FlNPl. voraus (aber § 214 II Nr. 3 BauGB beachten)

Bauplanungsrechtl. Zulässigkeit

Darstellungen des FlNPl. als **öfftl. Belang**, § 35 III S. 1 Nr. 1 BauGB, erfordern wirksamen FlNPl.

Inwiefern kann es in der Klausur überhaupt zur Überprüfung eines Flächennutzungsplanes kommen?

Unmittelbarer Rechtsschutz gegen FlNPl.

§ 47 VwGO	Statthaftigkeit (-): Keine Satzung i.S.v. § 47 I Nr. 1 VwGO, keine Rechtsnorm i.S.v. Nr. 2, Ausnahme: Darstellung nach § 35 III S. 3 BauGB analog § 47 I Nr. 1 VwGO überprüfbar
§ 43 VwGO	(-), FlNPl. begründet als Verwaltungsinternum kein feststellungsfähiges Rechtsverhältnis
Verfassungsbeschwerde	(-), es fehlt an Möglichkeit der unmittelbaren Grundrechtsverletzung
Popularklage	in Bayern Art. 98 S. 4 BayVerf.: (-), da nur bei (form/mat.) Gesetzen möglich

Steht dem Bürger gegen einen Flächennutzungsplan unmittelbarer Rechtsschutz zu?

Bebauungsplan, verbindlicher Bauleitplan	⇔	Flächennutzungsplan, vorbereitender Bauleitplan
= Satzung, § 10 I BauGB (Gesetz im **materiellen** Sinne)		• enthält generell-abstrakte Regelungen ⇨ kein **VA**
		• als vorbereitender Bauleitplan bloßes Verwaltungsinternum ⇨ kein **Gesetz** (Satzung)
		Daher: Normkomplex sui generis!

Welche Rechtsnatur kommt dem Flächennutzungsplan und dem Bebauungsplan zu?

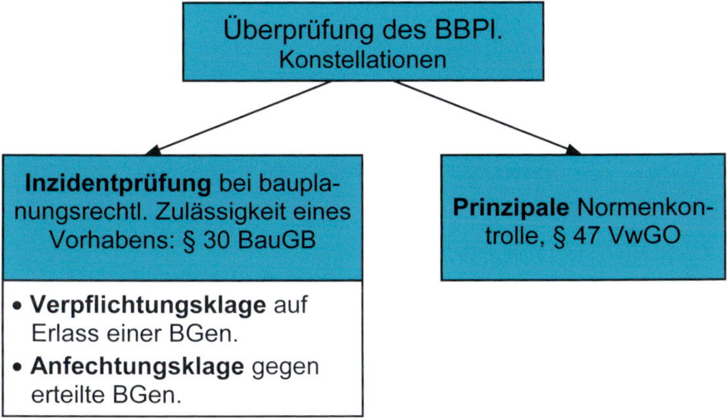
Überprüfung des BBPl.
Konstellationen
Inzidentprüfung bei bauplanungsrechtl. Zulässigkeit eines Vorhabens: § 30 BauGB
• **Verpflichtungsklage** auf Erlass einer BGen.
• **Anfechtungsklage** gegen erteilte BGen.
Prinzipale Normenkontrolle, § 47 VwGO

In welchem Zusammenhang kann in der Klausurprüfung die Wirksamkeit eines Bebauungsplanes von Bedeutung sein?

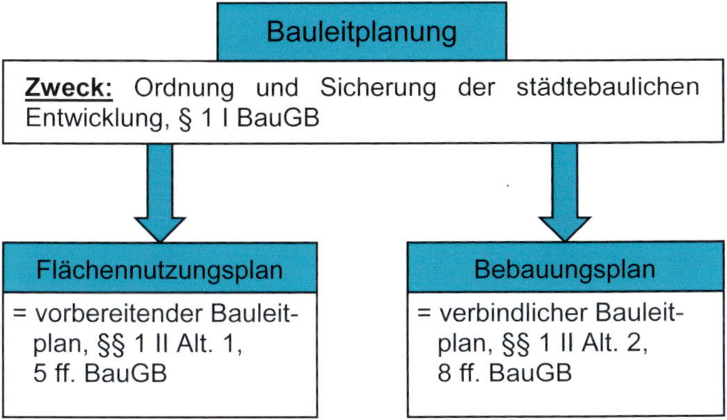
Bauleitplanung
Zweck: Ordnung und Sicherung der städtebaulichen Entwicklung, § 1 I BauGB
Flächennutzungsplan
= vorbereitender Bauleitplan, §§ 1 II Alt. 1, 5 ff. BauGB
Bebauungsplan
= verbindlicher Bauleitplan, §§ 1 II Alt. 2, 8 ff. BauGB

Welchem Zweck dient die Bauleitplanung?
Zwischen welchen beiden Formen von Bauleitplänen ist zu unterscheiden?

Prüfungsreihenfolge der §§ 30 ff. BauGB

(1)	§ 30 BauGB	Vereinbk. mit (wirks.) BBPl., bei einfachem BBPl. daneben §§ 34, 35; § 31: Ausnahme	§ 36 BauGB
(2)	§ 34 BauGB	Innenbereich	§ 36 BauGB
(3)	§ 35 BauGB	Außenbereich	§ 36 BauGB
(4)	§ 33 BauGB	wenn sonst unzulässig	§ 36 BauGB
(5)	akt. BS	als besonderer Zulässigkeitstatbestand abzulehnen	

Welche Reihenfolge ist nach alledem für die Prüfung der bauplanungsrechtlichen Zulässigkeit eines Vorhabens sinnvoll?

Feststellungswirkung der Baugenehmigung: Nach Bestandskraft steht materielle Legalität des Vorhabens, soweit von Baugenehmigungsbehörde geprüft, fest

↓

Bauaufsichtl. Maßnahme, die mat. Illegalität voraussetzt, ist unzulässig; Rückgriff auf pass. Bestandsschutz nicht nötig, soweit Prüfungsumfang der Baugenehmigung reicht

Muss für die Frage, ob bzgl. einer wg. erteilter Baugenehmigung formell legalen Anlage bauaufsichtliche Maßnahmen zulässig sind, auf den passiven Bestandsschutz zurückgegriffen werden?

Anerkennung des aktiven Bestandsschutzes

Gesetzgeber hat Problematik gesehen und z.B. in § 35 IV BauGB geregelt ⇨ nach neuerer Rechtsprechung Anerkennung (-)

Folge:

- nach §§ 30 ff. BauGB unzulässiges Vorhaben nicht wg. akt. BS zulässig
- jedoch bei Ermessensentscheidungen zu berücksichtigen (Art. 14 GG): § 31 II BauGB, Abweichung nach LandesBauO (Art. 63 BayBO)

Was spricht gegen eine Anerkennung des aktiven Bestandsschutzes?

Zulässigkeit eines Vorhabens wg. aktivem Bestandsschutz

Allgem. Vssungen des Bestandsschutzes	mat. Legalität von gewisser Dauer, fortgesetzte Nutzung
Anforderungen an konkretes Vorhaben	Vorhaben innerhalb der „Variationsbreite“ der bisherigen Nutzung
	Untrennbarer Funktionszusammenhang: Vorhaben für weitere Nutzung unbedingt notwendig
	Vorhaben nach Recht des Altbaus zulässig

Unter welchen Voraussetzungen sollte (nach der früher h.M.) nach den Regeln des aktiven Bestandsschutzes ein Vorhaben zulässig sein?

Voraussetzungen des Bestandsschutzes

(1)	Anlage für gewisse Dauer materiell legal (mit **materiellem** BauR vereinbar), Zeitraum: etwa 2-3 Monate; a.A.: tats. Genehmigung Voraussetzung
(2)	Anlage seitdem in gleicher Weise genutzt (schädliche Nutzungsaufgabe: ca. 7 Jahre, vgl. § 35 IV S. 1 Nr. 1c BauGB, oder objektiv nicht mehr nutzbar (Abriss etc.)

Unter welchen Voraussetzungen genießt eine bauliche Anlage passiven Bestandsschutz?

Baurechtl. Bestandsschutz
Art. 14 I GG

Recht, eine baul. Anlage, die gewisse Zeit materiell legal war, in ihrem Bestand zu erhalten und in gewissem Umfang ändern zu dürfen

Passiver BS

Steht bauaufsichtlichen Maßnahmen (z.B. Baubeseitigungsverfügung) bei nachträglich geänderter Rechtslage entgegen

Aktiver BS

An sich nicht zulässiges Vorhaben wg. Bestandsschutz der bisherigen Anlage dennoch zulässig

Was ist unter dem Begriff des „Bestandsschutzes" zu verstehen? In welchen Konstellationen kann dieser von Bedeutung sein?

Aufhebung des erteilten Einvernehmens durch Gemeinde

Nach Erteilung der Baugenehmigung	Erteiltes EV als unselbst. Bestandteil der Baugenehmigung nicht (mehr) aufhebbar
Vor Erteilung der Baugenehmigung	• grds. frei aufhebbar • denkbar: nur bis Ablauf der 2 Monate, § 36 II S. 2 HS 1 BauGB, da Gemeinde dann EV nicht mehr verweigern könnte (str.)

Kann die Gemeinde ihr erteiltes Einvernehmen wieder zurücknehmen?

Rechtsnatur	**Reines Verwaltungsinternum**, vgl. § 44a VwGO; damit mangels Außenwirkung kein VA i.S.v. § 35 LandesVwVfG
Rechtsschutz	• **Verpflichtungsklage** i.S.v. § 42 I Alt. 2 VwGO (-), da kein VA • **allgem. Leistungsklage** denkbar; allerdings Verpflichtungsklage direkt auf Erteilung der BauGen. möglich, daher allgem. Rechtsschutzbedürfnis (-)

Gemeinde beizuladen, § 65 II VwGO

Welche Rechtsnatur kommt dem gemeindlichen Einvernehmen zu?
Kann es von dem Bauherren vor dem VG eingeklagt werden?

Rechtsschutz der Gemeinde gegen Baugenehmigung

Gemeinde kann **Anfechtungsklage** i.S.v. § 42 I Alt. 1 VwGO gegen die Baugenehmigung erheben, dabei Inzidentkontrolle der Ersetzung

Klagebefugnis: mögl. Verstoß gg. § 36 BauGB ⇨ mgl. Verletzung des komm. SVerw.R (Art. 28 II GG)

Begründetheit: (+), wenn BauGen. rechtswidrig + Rechtsverletzung der Gemeinde: Verstoß gg. § 36 BauGB z.B. wg. Rechtswk. der Ersetzung, § 36 II S. 3

Wie kann eine Gemeinde gegen eine Baugenehmigung vorgehen, wenn sie ihr Einvernehmen verweigert und eine rechtmäßige Ersetzung nicht stattgefunden hat?

Unbeachtlichkeit eines fehlenden ausdrücklichen gemeindl. EV

Keine rechtzeitige Verweigerung

Zwei Monate nach Eingang des Ersuchens der Genehmigungsbehörde
⇨ § 36 II S. 2 HS 1 BauGB

Ersetzung des gemeindl. EV

bei **rechtswidriger Verweigerung** des EV
⇨ § 36 II S. 3 BauGB i.V.m. LandesR (z.B. Art. 67 BayBO)

Wann führt ein fehlendes ausdrückliches gemeindl. Einvernehmen nicht zur Rechtswidrigkeit einer dennoch erteilten Baugenehmigung?

Eingeschränkter Prüfungsmaßstab, § 36 II S. 1 BauGB	Gemeinde hat **keinen** planerischen Entscheidungs**freiraum**; ⇨ Einvernehmen **kein** Planungsmittel der Gemeinde

Sicherung der Planungshoheit:

Mitwirkung der Gemeinde nach § 36 BauGB gibt ihr Möglichkeit, BBPl. aufzustellen (§ 2 I S. 2 BauGB) und daraufhin **Veränderungssperre** zu erlassen (§ 14 BauGB) oder **Zurückstellung** zu beantragen (§ 15 BauGB)!

Inwiefern kann angesichts des eingeschränkten Prüfungsmaßstabes der Gemeinde nach § 36 II S. 1 BauGB die kommunale Planungshoheit durch das gemeindl. Einvernehmen überhaupt gesichert werden?

Versagung des gemeindl. Einvernehmens

§ 36 II S. 1 BauGB	Versagung nur, wenn Vorhaben nach §§ 31, 34, 35, 33 BauGB unzulässig

Grds. **gebundene** Entscheidung: §§ 34, 35, 33 I BauGB

Ausnahmsweise **Ermessen**: § 31; § 33 II BauGB

Unter welchen Voraussetzungen darf die Gemeinde ihr Einvernehmen nur versagen? Ist die Entscheidung hierüber damit eine gebundene Entscheidung?

Prüfung der §§ 30 ff. BauGB in **anderem Verfahren**

z.B. **immissionsschutzrechtl**. Genehmigungsverfahren, §§ 6 I Nr. 2, 13 BImSchG (**formelle** Konzentrationswirkung)

Erforderlichkeit des gemeindl. EV: **§ 36 I S. 2 HS 1 BauGB**

Wie wird die gemeindliche Planungshoheit in anderen als dem bauaufsichtlichen Genehmigungsverfahren geschützt?

Gemeinde zugleich Bauaufsichtsbehörde

z.B. in BY kreisfreie Gemeinde, Art. 9 I S. 1 BayGO

↓

Gemeindliches Einvernehmen nach h.M. nicht erforderlich, da Gemeinde über Beteiligung als Genehmigungsbehörde hinreichend geschützt, Reaktionsmöglichkeiten gegeben

Ist das Einvernehmen nach § 36 BauGB auch dann erforderlich, wenn die Gemeinde zugleich Bauaufsichtsbehörde ist?

§ 36 BauGB: Gemeindl. Einvernehmen

Sicherung der gemeindl. Planungshoheit als Bestandteil des Selbstverwaltungsrechts (Art. 28 II GG) durch Mitwirkung am Genehmigungsverfahren

Erforderlich, wenn Gefahr einer Präjudizierung gemeindl. Planung besteht: (Wortlaut § 36 I S. 1 BauGB)

- § 31 BauGB
- § 34 BauGB
- § 35 BauGB
- § 33 BauGB

Aus welchem Grund existiert die Regelung des § 36 BauGB?
Bei einer Zulässigkeit nach welchen Vorschriften der §§ 30 ff. BauGB wird das gemeindliche Einvernehmen erforderlich?

Vorhaben darf künftigen Festsetzungen des BBPl. nicht entgegenstehen, § 33 I Nr. 2 BauGB

Planreife muss so weit **fortgeschritten** sein, dass eine solche Entscheidung überhaupt möglich ist

auch dann (-), wenn sicher ist, dass BBPl. aus materiellen oder formellen Gründen **nicht wirksam werden kann;** § 33 I BauGB dann unanwendbar!

Ist nach § 33 I Nr. 2 BauGB von Bedeutung, ob der zukünftige Bebauungsplan wirksam sein wird?

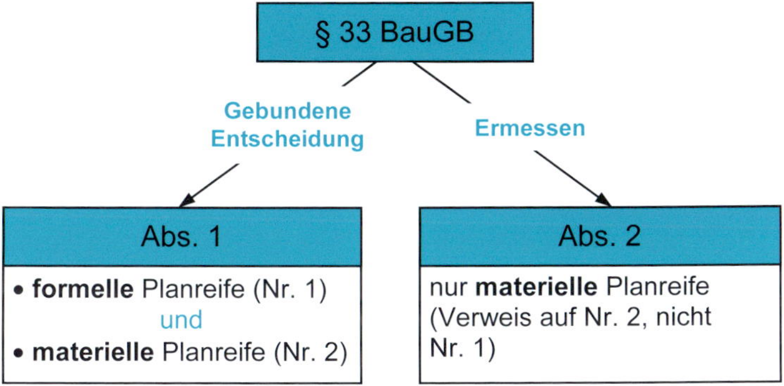
§ 33 BauGB
Gebundene Entscheidung
Ermessen
Abs. 1
• **formelle** Planreife (Nr. 1)
und
• **materielle** Planreife (Nr. 2)
Abs. 2
nur **materielle** Planreife (Verweis auf Nr. 2, nicht Nr. 1)

Welche Form von „Planreife“ setzen die Abs. 1 und 2 des § 33 BauGB voraus?

Bauplanungsrechtliche Zulässigkeit **BauR 51**

Bauplanungsrechtl. Zulässigkeit im Vorfeld des Erlasses eines Bebauungsplanes

- Führt zur **Zulässigkeit** des Vorhabens:
  - § 33 BauGB
- Führt zur **Unzulässigkeit** des Vorhabens:
  - Als ungeschriebener Belang i.S.d. § 35 III BauGB (str.), v.a. **Veränderungssperre**, §§ 14 ff. BauGB: Sicherung der Bauleitplanung

In welcher Weise kann ein noch nicht abgeschlossenes Verfahren über den Erlass eines Bebauungsplanes für die bauplanungsrechtliche Zulässigkeit eines Vorhabens von Bedeutung sein?

§ 33 BauGB

Nur anprüfen, wenn Vorhaben nach den §§ 30, 34, 35 BauGB nicht bereits zulässig!

§ 33 BauGB führt **nie** zur Unzulässigkeit des Vorhabens!

Wann ist in der Klausur auf § 33 BauGB überhaupt nur einzugehen?

Teilprivilegierte Vorhaben

Abschließend in § 35 IV BauGB geregelt; Grundlage = **Bestandsschutz**: bereits baul. Anlagen vorhanden

lex specialis zu § 35 III BauGB!

Rechtsfolge:

Bestimmte aufgeführte öffentl. Belange können Vorhaben nicht entgegengehalten werden

Was ist unter sog. „teilprivilegierten Vorhaben“ zu verstehen?

Planungshoheit als ungeschriebener öfftl. Belang, § 35 III S. 1 BauGB

Planungshoheit als solche

nach h.M. (-), würde zu weit reichen; **Rechtssicherheit**! Zur Sicherung der Planungshoheit Möglichkeiten der §§ 14 ff. BauGB

Planungsabsicht

(+), z.B. Absicht, BBPl. aufzustellen; jedoch obj. Anhaltspunkte nötig, die auf Planungsabsicht schließen lassen

Kann sich eine Gemeinde i.R.d. § 35 III S. 1 BauGB auf ihre Planungshoheit (Art. 28 II GG) berufen, wenn sie sich Möglichkeiten einer Planung offenhalten will, der das Vorhaben entgegenstehen würde?

Inhaltlicher Umfang des Rücksichtnahmegebotes in § 35 III BauGB

Beeinträchtigung durch **Immissionen**

Nr. 3 als **Konkretisierung** des Rücksichtnahmegebotes; wenn Vorhaben mit BImSchG vereinbar, insoweit keine Verletzung des Rücksichtnahmegebotes denkbar

Sonstige Beeinträchtigungen

Gebot der Rücksichtnahme (GdR) ohne Einschränkung als sonstiger öfftl. Belang anwendbar

Kann eine nach den Grenzen des BImSchG zumutbare Umwelteinwirkung i.S.v. § 35 III S. 1 Nr. 3 BauGB dennoch aufgrund des Rücksichtnahmegebotes unzulässig sein?

Schädliche Umwelteinwirkungen, § 35 III S. 1 Nr. 3 BauGB	= unzumutbare Immissionsbelästigungen; bzgl. Unzumutbarkeit kann § 3 I BImSchG hilfsweise herangezogen werden

Ausdruck des Rücksichtnahmegebotes

Gilt über Nr. 3 hinaus umfassend als **sonstiger öfftl. Belang**; § 35 III S. 1 BauGB nicht abschließend („insbesondere“)

Was ist unter schädlichen Umwelteinwirkungen i.S.v. § 35 III S. 1 Nr. 3 BauGB zu verstehen? Inwiefern spielt das Gebot der Rücksichtnahme bei § 35 BauGB eine Rolle?

Darstellungen des FINP in § 35 III S. 1 Nr. 1 BauGB als **öffentlicher Belang** genannt

→

Öfftl. Belang muss nach § 35 I BauGB **entgegenstehen**, daher qualifizierter Widerspruch zu FINP nötig

→

Unzulässigkeit nach h.M. nur, wenn Darstellung des FINP eine **konkrete standortbezogene Aussage** beinhaltet
(Darstellung geht über allgem. Aussage, dass Bebauung im Außenbereich zu unterbleiben hat, hinaus)

Kann ein Widerspruch zu Darstellungen eines Flächennutzungsplanes zur Unzulässigkeit eines privilegierten Vorhabens i.S.v. § 35 I BauGB führen?

Ortsgebundener Gewerbebetrieb, § 35 I Nr. 3 BauGB

Ortsgebundenheit:
Betrieb kann wg. örtl. Gegebenheiten nur an dieser Stelle betrieben werden
(z.B.: Kiesabbau o.ä.)

und

Vorhaben dient dem Betrieb: Wie bei Nr. 1:
- dem Betrieb zu- und untergeordnet
- Sichtweise des **ver-nünftigen** Unterneh-mers

Was ist unter einem ortsgebundenen gewerblichen Betrieb i.S.v. § 35 I Nr. 3 BauGB zu verstehen, und wann ist ein bauliches Vorhaben danach zulässig?

Gartenbauliche Erzeugung, § 35 I Nr. 2 BauGB

Grds. auch Begriff des landwirtsch. Betriebes erfüllt

Zweck des Nr. 2: Vorhaben muss **anders als in Nr. 1** keinen **untergeordneten Teil** der Betriebsfläche einnehmen

Ist § 35 I Nr. 2 BauGB neben Nr. 1 überflüssig?

Wochenendhaus als privilegiertes Vorhaben?

Wg. besonderer Zweckbestimmung (Erholung) Privilegierung nach § 35 I Nr. 4 BauGB denkbar

⟷

„Soll" i.S.v. § 35 I Nr. 4 BauGB a.E. enthält Bewertung des Vorhabens im Hinblick auf gesetzgeb. Willen, Außenbereich freizuhalten: Zweck muss **so anerkennenswert** sein, dass er Ausnahme vom Bauverbot im Außenbereich rechtfertigt

Stellt die Errichtung eines Wochenendhauses mit dem Argument, Erholung sei nur im Außenbereich möglich, ein privilegiertes Vorhaben nach § 35 I Nr. 4 BauGB dar?

„Dienen" i.S.v. § 35 I Nr. 1 BauGB

Vorhaben muss nach seiner Zwecksetzung dem landwirtschaftl.-/forstwirtschaftl. Betrieb zu- und untergeordnet sein

und

„Vernünftiger Landwirt" muss Vorhaben unter Berücksichtigung der größtmöglichen Freihaltung des Außenbereichs für erforderlich halten

Ist für den Begriff des „Dienens" i.S.v. § 35 I Nr. 1 BauGB allein die subjektive Zwecksetzung des Bauherren maßgeblich?

§ 35 I Nr. 1 BauGB	„Landwirtschaft", § 201 BauGB = planmäßige Nutzung der natürlichen Kräfte des Bodens; Schweinemast nur (+), wenn Futter selbst erzeugt werden kann, i.d.R. (-)
§ 35 I Nr. 4 BauGB	Mastbetrieb soll wg. Beeinträchtigungen v.a. durch Geruchsimmissionen nur im Außenbereich betrieben werden; (+), soweit keine Umweltverträglichkeitsprüfung erforderlich

Stellt ein Schweinemastbetrieb ein privilegiertes Außenbereichsvorhaben dar? Nach welcher Alternative?

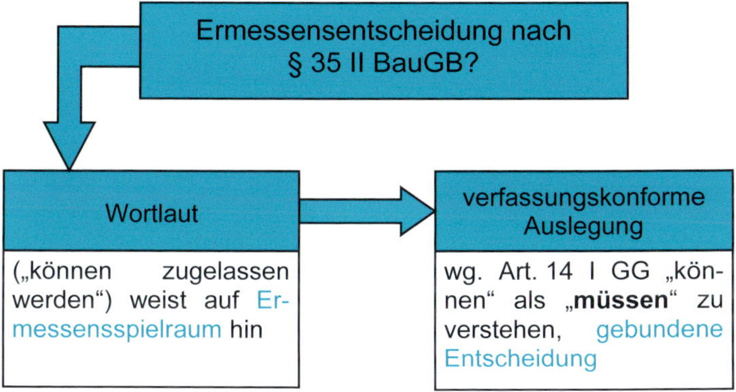
Ermessensentscheidung nach § 35 II BauGB?
Wortlaut
(„können zugelassen werden“) weist auf Ermessensspielraum hin
verfassungskonforme Auslegung
wg. Art. 14 I GG „können“ als **„müssen“** zu verstehen, gebundene Entscheidung

Liegt die Erteilung einer Baugenehmigung für ein nichtprivilegiertes Vorhaben im Außenbereich im Ermessen der Bauaufsichtsbehörde?

Außenbereichsvorhaben, § 35 BauGB

Allgemeine Voraussetzungen: Erschließung gesichert, Einvernehmen nach § 36 I S. 1 BauGB erteilt

privilegierte Vorhaben	nichtprivilegierte Vorhaben
Zulässigkeit (-), wenn öffentliche Belange entgegenstehen	Zulässigkeit (-), wenn öffentliche Belange beeinträchtigt
Vorhaben eher zulässig	Vorhaben eher unzulässig

Zwischen welchen beiden Arten von Vorhaben differenziert § 35 I und II BauGB? Wie kommt diese Differenzierung in der Prüfung der Zulässigkeit des Vorhabens zum Ausdruck?

Bauplanungsrechtliche Zulässigkeit

Anwendbarkeit von § 35 BauGB

kein (wirks.) qualifizierter oder vorhabenbezogener BBPl., § 30 I, II BauGB

→ anderenfalls Zulässigkeit allein am BBPl. zu messen

und

Vorhaben liegt im Außenbereich, d.h.: **nicht** innerhalb eines im Zush. bebauten Ortsteiles (**Innenbereich**)

Wann kommt § 35 BauGB zur Anwendung? Was ist dabei unter „Außenbereich" zu verstehen?

Vorhaben muss Festsetzungen des BBPl. entsprechen, § 30 BauGB

Voraussetzung jedoch: Wirksamkeit des BBPl; (-), wenn BBPl.
- fehlerhaft und
- Planerhaltung nach §§ 214 ff. BauGB (-)

inzidente Überprüfung des BBPl. bei § 30 BauGB; wenn unwirksam, wie bei **Fehlen** eines BBPl. **überhaupt** behandeln

Inwieweit ist es für die bauplanungsrechtliche Zulässigkeit eines Vorhabens von Bedeutung, ob ein Bebauungsplan an einem Fehler leidet?

§ 34 II BauGB („faktischer" BBPl.):
Eigenart der näheren Umgebung entspricht einem Baugebiet i.S.d. § 1 II BauNVO

↓

Bzgl. der **Art der baul. Nutzung** auf §§ 2 - 15 BauNVO abstellen

Bzgl. Ausnahmen nach BauNVO gilt § 31 I BauGB	Im Übrigen entspr. Anwendung des § 31 II BauGB

Bzgl. der **übrigen Kriterien** des § 34 I BauGB bleibt es bei dieser Vorschrift

Inwieweit ergeben sich nach § 34 II BauGB Besonderheiten gegenüber Abs. 1?

Gebot der Rücksichtnahme bei § 34 I S. 1 BauGB („einfügen“)

Negative Wirkung

Vorhaben hält sich im „Rahmen“, ist aber **dennoch** wg. Überwiegens widerstreitender Interessen unzulässig

Positive Wirkung

Vorhaben überschreitet „Rahmen“; mangels „bodenrechtl. Spannungen“ dennoch zulässig (selten!), § 34 IIIa BauGB

Gilt das im „Einfügen“ i.S.v. § 34 I S. 1 BauGB verankerte Gebot der Rücksichtnahme auch in positiver Weise, kann es also die Zulässigkeit eines Vorhabens herbeiführen?

„Einfügen“, § 34 I S. 1 BauGB

(1)	**Feststellung** der Eigenart der Umgebung	Festlegung des **„Rahmens“**: Bewertung der bereits vorhandenen Bebauung; Fremdkörper bleiben außer Betracht
(2)	Hält Vorhaben diesen **Rahmen** ein?	Orientierung an Differenzierungen der **BauNVO** sinnvoll, wenn (-) Abs. 3a
(3)	**„Harmoniert“** Vorhaben mit dem Rahmen?	Abwägung anhand des **Gebots der Rücksichtnahme**

In welchen Schritten ist das „Einfügen“ zu prüfen?

Bauplanungsrechtliche Zulässigkeit **BauR 32**

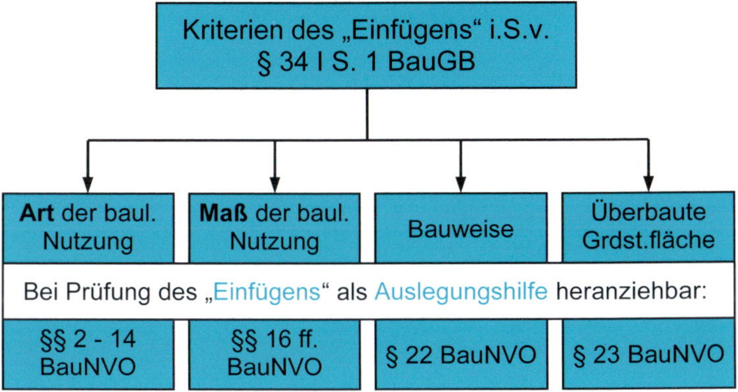

Hinsichtlich welcher Kriterien muss sich das Vorhaben nach § 34 I BauGB „einfügen"? Welche Vorschriften können hierbei als Auslegungshilfe herangezogen werden?

Zulässigkeit nach § 34 I BauGB

(1)	Vorhaben fügt sich bzgl. der in § 34 I BauGB genannten Kriterien in Eigenart der näheren Umgebung ein
(2)	Erschließung gesichert
(3)	Anforderungen an gesunde Wohn- und Arbeitsverhältnisse, als Kriterien **§ 136 II, III** BauGB heranzuziehen
(4)	Keine Beeinträchtigung des Ortsbildes
(5)	Erteilung des gemeindl. Einvernehmens, § 36 I S. 1 BauGB

Unter welchen Voraussetzungen ist ein Vorhaben im Innenbereich nach § 34 I BauGB zulässig?

Innenbereich § 34 BauGB		Außenbereich § 35 BauGB
Soll grundsätzl. bebaubar sein, Vorhaben bauplanungsrechtl. **eher zulässig**	⟷	Soll grundsätzl. von Bebauung freigehalten werden, Vorhaben **eher unzulässig**

Welche wesentliche gesetzgeberische Entscheidung liegt der Unterscheidung zwischen Innen- und Außenbereich zugrunde?

Berücksichtigung angrenzender Bebauung durch Nachbargemeinde

h.M.	a.A.
(-) wg. Planungshoheit der Gemeinde (Art. 28 II GG): Diese **könnte sich** gegen Entstehung eines Innenbereichs durch heranrückende Bebauung **kaum wehren**	(+): § 34 BauGB stellt auf tatsächliche Bebauung ab; hierauf hat „formale“ Gemeindegrenze keinen Einfluss

Ist bei der Beurteilung, ob ein im Zusammenhang bebauter Ortsteil vorliegt, angrenzende Bebauung einer Nachbargemeinde zu berücksichtigen?

Im Zusammenhang bebauter Ortsteil
§ 34 I S. 1 BauGB

= Bebauung,

(1)	die – trotz evtl. Baulücken – den Eindruck von **Zusammengehörigkeit** und **Geschlossenheit** erweckt,
(2)	nach Zahl der vorhandenen Bauten ein **gewisses Gewicht** hat und
(3)	Ausdruck einer **organischen Siedlungsstruktur** ist

Was ist unter einem „im Zusammenhang bebauten Ortsteil" i.S.v. § 34 I BauGB zu verstehen?

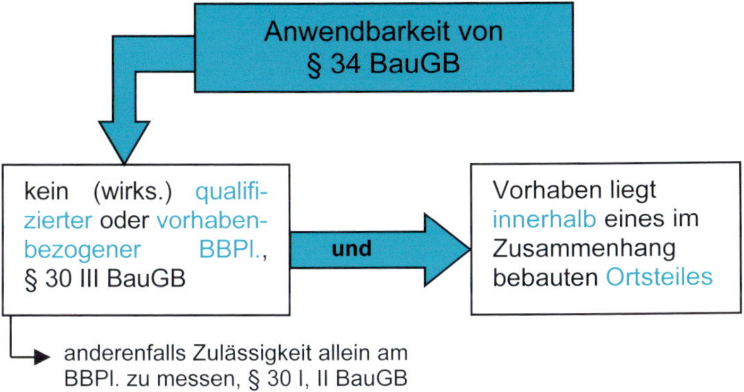
Anwendbarkeit von § 34 BauGB
kein (wirks.) qualifizierter oder vorhabenbezogener BBPl., § 30 III BauGB
und
Vorhaben liegt innerhalb eines im Zusammenhang bebauten Ortsteiles
anderenfalls Zulässigkeit allein am BBPl. zu messen, § 30 I, II BauGB

Unter welchen Voraussetzungen kommt § 34 BauGB zur Anwendung?

Erschließung	Erschließung gesichert:
Orientierung am einzelnen Vorhaben; jedenfalls: • Anbindung an das Straßennetz • Wasser, zumindest im Innenbereich: Strom • Möglichkeit zur Abwasserbeseitigung	**nicht:** Baufläche muss bereits erschlossen sein; im **ZP der Genehmigung** muss mit Erschließung zum **ZP der Fertigstellung** der baul. Anlagen lediglich gerechnet werden

Was ist unter „Erschließung“ zu verstehen? Wann ist diese „gesichert“?

Städtebauliche Vertretbarkeit
§ 31 II Nr. 2 BauGB

↓

(+), wenn – v.a. unter Berücksichtigung von § 1 VI und VII – Abweichung **Gegenstand eines Bebauungsplanes** sein **könnte**: großzügige Handhabung

Wann ist die Erteilung eines Dispenses i.S.v. § 31 II Nr. 2 BauGB städtebaulich vertretbar?

Bauplanungsrechtl. Zulässigkeit **trotz** Widerspruchs zu Festsetzungen des Bebauungsplanes bei Erteilung eines Dispenses nach § 31 II BauGB möglich

→

Aus Gründen der **Rechtssicherheit** muss Dispens **ausdrücklich** in BauGen. erfolgen; wenn (-), sind Voraussetzungen des **§ 31 II BauGB nicht zu prüfen,** evtl. aber Nachschieben des Dispenses

Kann sich der beklagte Rechtsträger einer Bauaufsichtsbehörde, die eine Baugenehmigung trotz Widerspruchs zu Festsetzungen eines Bebauungsplanes erlassen hat, auf § 31 II BauGB berufen?

Ausnahmen / Befreiungen von Festsetzungen des BBPl.

Ausnahmen
§ 31 I BauGB

Im Bebauungsplan **ausdr.** zugelassene Ausnahmen; wg. § 1 III S. 2 BauNVO: jeweiliger Abs. 3 der §§ 2 - 9 BauNVO

Befreiung („Dispens“)
§ 31 II BauGB

Ermessensentscheidung der Baugenehmigungsbehörde im Einzelfall: Nr. 1 - 3 alternativ, zusätzl. Vereinbk. mit nachbarl. Interessen sowie Grundzügen der Planung

Unter welchen Umständen kann ein Vorhaben zulässig sein, obwohl es den Vorschriften des Bebauungsplanes widerspricht?

§ 15 BauNVO

Vorhaben **im Einzelfall** unzulässig, wenn
- Widerspruch zur Eigenart des Baugebietes oder
- Unzumutbarkeit für Umgebung oder Aussetzung unzumutbarer Beeinträchtigungen

Ausdruck des sog. „Gebots der Rücksichtnahme“

Prüfung:

(1) Vorhaben an sich nach BBPl. (i.V.m. BauNVO) **zulässig**

(2) Unzulässigkeit **im Einzelfall** nach § 15 BauNVO prüfen

Welches Prinzip kommt in § 15 BauNVO zum Ausdruck? Wie fügt sich die Vorschrift in die Prüfung der bauplanungsrechtl. Zulässigkeit nach § 30 I BauGB ein?

Festsetzung bzgl. Art der baul. Nutzung im BBPl.
§ 9 I Nr. 1 BauGB

Festsetzung eines Baugebietes i.S.v. § 1 III BauNVO

Wirkung: § 1 III S. 2 BauNVO: **§§ 2 - 14 BauNVO** werden Bestandteil d. BBPl.; also: Vorhaben im Rahmen von § 30 BauGB an diesen Vorschriften zu messen

Welche besonderen Vorschriften sind hinsichtlich einer Festsetzung im Bebauungsplan bzgl. der Art der baulichen Nutzung zu beachten?

Zulässigkeit nach § 30 I BauGB

(1)	Vorliegen eines qual. wirks. BBPl.
(2)	Vorhaben entspricht den Festsetzungen des BBPl. und verstößt nicht gegen § 15 BauNVO
(3)	Erschließung gesichert

Wann ist ein Vorhaben (i.S.v. § 29 BauGB) nach § 30 I BauGB zulässig?

Arten von Bebauungsplänen, § 30 BauGB

Qualifizierter BBPl.	Vorhabenbezogener BBPl.	Einfacher BBPl.
BBPl. enthält die in § 30 I BauGB niedergelegten Festsetzungen	§§ 30 II, 12 BauGB	**weder** qualifiziert **noch** vorhabenbezogen; § 30 III BauGB

Zwischen welchen Formen von Bebauungsplänen differenziert § 30 BauGB?

Nutzungsänderung

Nutzungsänderung muss **selbst** planungsrechtl. Relevanz aufweisen:

(+), wenn sich durch Nutzungsänderung planungsrechtl. Fragen neu stellen, d.h. Belange nach **§ 1 VI / § 9 BauGB** neu/anders berührt werden

Fällt jede Nutzungsänderung an einer ortsfesten baulichen Anlage in den Anwendungsbereich der §§ 30 ff. BauGB?

Bauliche Anlage
§ 29 I BauGB

- Aus Bauprodukten errichtet
- ortsfest
- Planungsrechtl. Relevanz

Belange des § 1 VI BauGB in geeigneter Weise berührt, Bedürfnis für Bauleitplanung zu schaffen

<u>z.T. BVerwG:</u> kann Vorhaben Gegenstand von Festsetzungen nach § 9 BauGB sein?

Wie ist der Begriff der „baulichen Anlage“ in § 29 I BauGB zu verstehen?

Bedeutung von § 29 BauGB

§§ 30 - 37 BauGB nur anwendbar, wenn Vorhaben i.S.v. § 29 BauGB vorliegt (Merkhilfe: § 29 BauGB als „Tor“ zu §§ 30 ff. BauGB)

Bei Überprüfung der bauplanungsrechtl. Zulässigkeit steht Prüfung des § 29 BauGB denknotwendig **an erster Stelle**

Welche Bedeutung kommt § 29 BauGB für die Prüfung der bauplanungsrechtlichen Zulässigkeit eines Vorhabens zu?

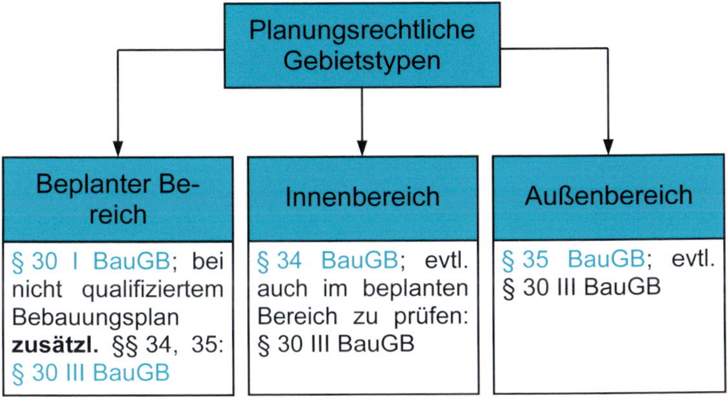
Planungsrechtliche Gebietstypen
Beplanter Bereich
§ 30 I BauGB; bei nicht qualifiziertem Bebauungsplan zusätzl. §§ 34, 35: § 30 III BauGB
Innenbereich
§ 34 BauGB; evtl. auch im beplanten Bereich zu prüfen: § 30 III BauGB
Außenbereich
§ 35 BauGB; evtl. § 30 III BauGB

Zwischen welchen drei planungsrechtlichen Gebietstypen ist in den §§ 29 ff. BauGB zu unterscheiden?

Immissionsschutzrechtliche Genehmigung

Genehmigungs-fähigkeit	Wegen **formeller** Konzentrationswirkung nach § 13 BImSchG: Prüfung der baurechtl. Voraussetzungen nach **§ 6 I Nr. 2 BImSchG!**

An welcher Stelle sind die materiellen Voraussetzungen einer Baugenehmigung bei der Erteilung einer immissionsschutzrechtl. Genehmigung nach § 4 BImSchG zu prüfen?

Konzentrationswirkung

formell

Eine Genehmigung schließt eine andere mit ein, z.B. immissionsschutzrechtliche Genehmigung, § 13 BImSchG

materiell

Zusätzl. zu formeller Konzentrationswirkung wird **Überprüfung** der Voraussetzungen der eingeschlossenen Genehmigung **entbehrlich**, z.B. § 38 BauGB

Was ist unter formeller und materieller Konzentrationswirkung zu verstehen? Nennen Sie Beispiele!

Genehmigungsfähigkeit

1. Festlegung des **Prüfungsumfangs**	Ergibt sich aus LandesBauO; evtl. vereinfachtes Verfahren (z.B. Art. 68 I, 59 BayBO), z.T. auch fakultativ vollumfängliche Prüfung (z.B. Art. 68 I S. 1 HS 2 BayBO)
2. ggf. **Bauordnungs**rechtliche Zulässigkeit	Von Prüfungsumfang (vgl. o.) umfasste Vorschriften der LandesBauO
3. **Bauplanungs**rechtliche Zulässigkeit	§§ 29 ff. BauGB
4. **Sonstige** öffentl.-rechtl. Vorschriften	Soweit von Prüfungsumfang erfasst, vgl. LandesBauO

Unter welchen Voraussetzungen ist ein Vorhaben genehmigungsfähig?

Fehlende Genehmigungspflichtigkeit	Möglichkeit des Klägers
Anspruch auf Baugenehmigung (-), Klage wäre als unbegründet abzuweisen	**Klageänderung** in Feststellungsklage (§ 43 VwGO): Feststellung, dass Genehmigungspflicht nicht besteht; zulässig nach §§ 91, 173 VwGO, § 264 Nr. 2 ZPO

Wie ist zu verfahren, wenn im Rahmen einer Verpflichtungsklage auf Erteilung einer Baugenehmigung festgestellt wird, dass das Vorhaben nicht genehmigungspflichtig ist?

Begehren einer Baugenehmigung

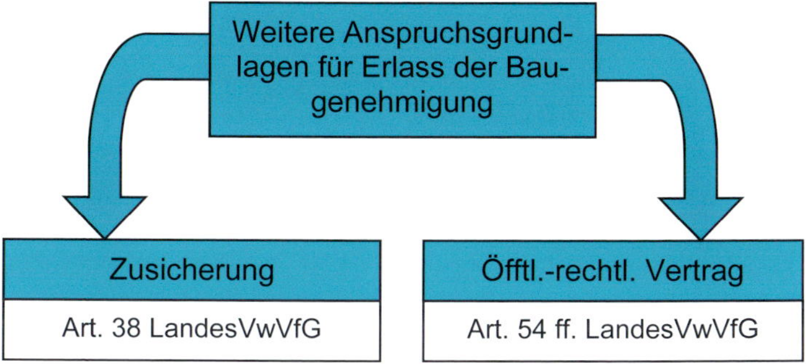

Welche Anspruchsgrundlagen kommen neben dem allgemeinen gesetzlichen Anspruch auf Erlass der Baugenehmigung in Betracht?

Anspruch auf Erteilung der Baugenehmigung

I. Rechtsgrundlage	Vorschrift der LandesBauO, z.B. Art. 68 I BayBO
II. Formelle Vor.	Ordnungsgem. Antrag bei zuständiger Behörde (⇨ LandesBauO)
III. Materielle Vor.	

1. Genehmigungspflichtigkeit
2. Genehmigungsfähigkeit

→ LandesBauO zu entnehmen

In der Begründetheitsprüfung ist das tatsächliche Bestehen eines Anspruches auf Erteilung der Baugenehmigung zu prüfen. Wann besteht ein solcher Anspruch?

Klagebefugnis bei VK auf Erlass einer Baugenehmigung, § 42 II VwGO

↓

Geltendmachung einer subjektiven Rechtsverletzung, Möglichkeit einer solchen genügt (**Möglichkeitstheorie**)

(+), wenn möglicher **Anspruch** auf Erteilung der Baugenehmigung; Anspruchsgrundlage = entspr. Vorschrift der LandesBauO (i.V.m. Art. 14 GG)

Woraus ergibt sich die Klagebefugnis bei einer Verpflichtungsklage auf Erlass einer Baugenehmigung?

Rechtsweg

- streitentscheidende Normen sind solche des öfftl. Baurechts: **ö-rechtl. Streitigkeit** (Sonderrechtstheorie)
- Streitigkeit nichtverfassungsrechtlich, keine anderweitige Zuweisung

Daher **Verwaltungsrechtsweg**, § 40 I S. 1 VwGO

Klageart

VA wird begehrt

Daher **Verpflichtungsklage** statthaft, § 42 I Alt. 2 VwGO

Welcher Rechtsweg steht dem Bauherren offen, um eine begehrte Baugenehmigung zu erhalten? Welche Klageart ist einschlägig?

Wirkungen der Baugenehmigung

Feststellende Wirkung	Gestaltende Wirkung	Doppelwirkung
Vorhaben entspricht den geprüften ö-rechtl. Vorschriften	Aufhebung des präventiven **Bauverbotes** nach LandesBauO (vgl. Art. 68 V BayBO)	**Begünstigend** für Bauherren, **belastend** evtl. für Nachbarn

Welche Wirkung kommt der Baugenehmigung zu?

Baugenehmigung

= **VA** i.S.v. Art. 35 S. 1 LandesVwVfG

mitwirkungsbedürftiger VA	Antrag nach LandesBauO erforderlich
gebundener VA	Anspruch auf Erlass, keine Ermessensentscheidung, ex Art. 14 GG
vorhabenbezogen	Nicht personenbezogen, vgl. z.B. Art. 54 II S. 3 BayBO

Welche Art des Verwaltungshandelns stellt eine Baugenehmigung dar?

Bauleitplanung, §§ 1 - 13

- Flächennutzungsplan (FNPl.)
- Bebauungsplan (BBPl.)

Sicherung der BLPl, §§ 14 - 28

v.a.: Veränderungssperre, Zurückstellung (§§ 14, 15)

Zulässigkeit von Vorhaben, §§ 29 - 38

- Planbereich
- Innenbereich
- Außenbereich

§§ 1 - 38 BauGB

Welche drei Bereiche regeln die §§ 1 - 38 BauGB?

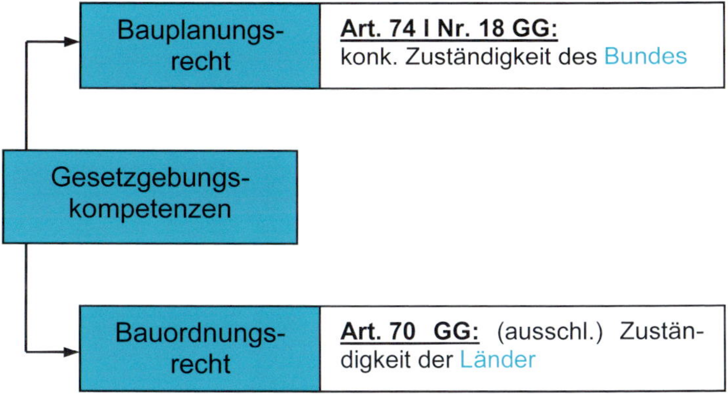
Bauplanungs-recht
Art. 74 I Nr. 18 GG:
konk. Zuständigkeit des Bundes
Gesetzgebungs-kompetenzen
Bauordnungs-recht
Art. 70 GG: (ausschl.) Zuständigkeit der Länder

Wie sind die Gesetzgebungskompetenzen für Bauplanungs- und Bauordnungsrecht verteilt?

Öffentliches Baurecht

Bauplanungsrecht	Bauordnungsrecht	Sonstiges öffentl. Recht
Regelung der städtebaulichen Ordnung im größeren Zusammenhang	Sicherheitsrechtl. Anforderungen an einzelnes Bauvorhaben; Verfahren	z.B. WasserR, NaturschutzR
BauGB, BauNVO	Landesbauordnung	Spezialgesetze

In welche Regelungskomplexe ist das öffentliche Baurecht weiter zu unterteilen?

Baurecht

Privates Baurecht

Schaffung eines Interessenausgleichs **zwischen Privaten** zur Beschränkung der privaten Baufreiheit, § 903 BGB

v.a. §§ 906 ff. BGB

Öffentliches Baurecht

Vorschriften, die Zulässigkeit des Bauens im Hinblick auf **öffentliche Interessen** betreffen

v.a. BauGB, Landesbauordnungen

In welche zwei Rechtsbereiche lässt sich das Baurecht allgemein unterteilen?

Begründetheit der Beschwerde

a) Zulässigkeit der Entscheidung

b) Begründetheit der Entscheidung

c) Verfahrensfehler

Abhilfeverfahren: Der eigentlichen Entscheidung des Beschwerdegerichts ist grds. ein Abhilfeverfahren vorgeschaltet, i.R. dessen das Ausgangsgericht (VG) die angegriffene Entscheidung überprüft, § 148 I VwGO:

Abhilfeentscheidung nach § 148 I HS 1 VwGO, wenn die Beschwerde zulässig und begründet ist

Nichtabhilfe und **Vorlage** zum Beschwerdegericht nach § 148 I HS 2 VwGO, wenn die Beschwerde unzulässig oder unbegründet ist

Unter welchen Voraussetzungen ist die Beschwerde begründet?
Was ist der Entscheidung des Beschwerdegerichts vorgeschaltet?

1. Statthaftigkeit	Statthaftigkeit **(+)** bei Entscheidungen des VG, die nicht Urteile oder Gerichtsbescheide sind (⇨ Beschlüsse!) und die nicht ausdrückl. von der Beschwerde ausgeschlossen sind (z.B. § 146 II - IV VwGO)
2. Berechtigg. + Beschwer	Wie beim Berufungszulassungsverfahren, vgl. KK 103
3. Form	• § 147 I VwGO ⇨ schriftlich/zur Niederschrift zum iudex a quo (oder: iudex ad quem, § 147 II VwGO) • **Grds.:** keine Begründung erforderlich**; Ausn.** jedoch möglich, z.B. gem. § 146 IV VwGO, § 133 III VwGO
4. Frist	• Einlegungsfrist nach § 147 I S. 1 VwGO • ggf. auch Begründungsfrist, z.B. § 146 IV S. 1 VwGO
5. Sonstiges	**z.B.** Zuständigkeit, Beteiligtenfähigkeit

Welche Erfordernisse müssen erfüllt sein, damit eine Beschwerde zulässig ist?

Begründetheit der Revision

1. Rechtsverletzung i.S.d. § 137 I VwGO ⇨	• Prüfungsumfang ⇨ § 137 III VwGO; beachten: Verfahrensfehler werden nur bei frist- und formgerechter Rüge (§ 139 III VwGO) geprüft! • i.d.R.: Prüfung eines Berufungsurteils ⇨ Zulässigkeit + Begründetheit der Berufung + Verfahrensfehler im Berufungsverfahren
2. Revisibilität ⇨	§ 137 I VwGO: Revisibel ist Bundesrecht und Landesrecht nach § 137 I Nr. 2 VwGO
3. Beruhen ⇨	• Möglichkeit, dass das Gericht ohne den Rechtsverstoß zu einem für den Rechtsmittelführer sachlich günstigeren Ergebnis hätte kommen können • „Beruhen" immer **(+)** in den Fällen des § 138 VwGO
4. § 144 VwGO ⇨	§ 144 IV VwGO beachten!

Unter welchen Voraussetzungen ist die **Revision begründet**?

1. Statthaftigk.	• **Urteile** des OVG/VGH, § 132 I VwGO; • **Urteile** (und **Gerichtsbescheide**, § 84 III VwGO) des VG im Fall der Sprungrevision, § 134 I VwGO und im Fall des § 135 S. 1 VwGO; • **Beschlüsse** des OVG/VGH nach §§ 132 I, 47 V S. 1 VwGO und §§ 125 II S. 1, 130a S. 1 (§ 125 II S. 4 VwGO [i.V.m. § 130a S. 2 VwGO])
2. Berechtigg. + Beschwer	Wie beim Berufungszulassungsverfahren, vgl. KK 103
3. Form	• schriftl. beim VG oder OVG/VGH, § 139 I S. 1 u. 2 VwGO ⇨ § 67 I VwGO beachten! • Bezeichnung der angefochtenen Entscheidung, § 139 I S. 3 VwGO • bestimmter Revisionsantrag, § 139 III VwGO
4. Frist	• Einlegungsfrist ⇨ § 139 I S. 1 VwGO • Begründungsfrist ⇨ § 139 III VwGO
5. Sonstiges	z.B. Zuständigkeit, Beteiligtenfähigkeit

Welche Voraussetzungen müssen für die Zulässigkeit der Revision erfüllt sein?

Begründetheit (+), wenn die Entscheidung der ersten Instanz unrichtig ist

1. Zulässigkeit der Ausgangsklage

- Prüfung der Zulässigkeits-Vor. der Ausgangsklage
- Ausnahme: § 17a V GVG bzw. § 83 S. 1 VwGO i.V.m. § 17a V GVG ⇨ keine neue Prüfung des VWR-Weges und der Zuständigkeit des erstinstanzl. Gerichts

2. Begründetheit der Ausgangsklage

- Prüfung der Sachentscheidung in der Ausgangsklage
- § 128 S. 2 VwGO: neu vorgebrachte Tatsachen und Beweismittel sind grds. zu beachten

3. Verfahrensfehler

- Verfahrensfehler = Fehler, der den Weg zur Entscheidung oder die Art und Weise ihres Erlasses betrifft
- sind grds. nur unter den Voraussetzungen des § 130 II VwGO Grund für den Erfolg der Berufung

Unter welchen Voraussetzungen ist die Berufung begründet?

1. Statthaftigk.	Gegen Entscheidungen des VG, vgl. KK 103, soweit Berufung zugelassen
2. Ordnungsgemäße Einlegung	• Erforderlichkeit: Eine gesonderte Berufungseinlegung ist nicht nötig, wenn die Berufung i.R.e. Zulassungsverfahrens (§ 124a V VwGO) zugelassen wurde • Form ⇨ § 124a II S. 1 u. 2 VwGO beim VG; hierbei Bezeichnung des angegriffenen Urteils nötig, Anwaltszwang, § 67 IV S. 2 VwGO • Frist ⇨ § 124a II S. 1 VwGO
3. Ordnungsgem. Begründung	• Form ⇨ gem. § 124a III VwGO bzw. § 124a VI VwGO: Begründung, d.h. Antrag + Gründe erforderlich • Frist ⇨ § 124a III S. 1 VwGO bzw. § 124a VI S. 1 VwGO
4. Berechtigg./ Beschwer	Wie beim Zulassungsverfahren, vgl. KK 103

Welche Voraussetzungen müssen erfüllt sein, damit eine Berufung zulässig ist?

Begründetheit (+), soweit ein Zulassungsgrund i.S.d. § 124 II VwGO vorliegt u. dargelegt ist

§ 124 II Nr. 1 VwGO	Ernstliche Zweifel an der Richtigkeit des Urteils ⇨ summarische Prüfung der Richtigkeit des angegriffenen Urteils
§ 124 II Nr. 2 VwGO	Besondere tats. oder rechtl. Schwierigkeiten der Rechtssache ⇨ **(+)**, wenn die Rechtssache in tats. oder rechtl. Hinsicht überdurchschnittl., das normale Maß nicht unerhebl. überschreitende Schwierigkeiten verursacht
§ 124 II Nr. 3 VwGO	Grundsatzberufung ⇨ **(+)**, wenn der Streit eine rechtl. oder tats. Frage aufwirft, die für die Berufungsinstanz erheblich ist und i.S.d. Rechtseinheit einer Klärung bedarf
§ 124 II Nr. 4 VwGO	Divergenzberufung **(+)** bei Abweichung der erstinstanzl. Entscheidung von obergerichtl. Rechtsprechung
§ 124 II Nr. 5 VwGO	Vorliegen eines Verfahrensmangels und mögliches Beruhen der Entscheidung hierauf

Unter welchen Voraussetzungen ist der Berufungszulassungsantrag begründet?

1. Statthaftigkeit	• gg. End-, Teil- und Zwischenurteile, § 124 I VwGO • gg. Gerichtsbescheide, § 84 III, II Nr. 1 VwGO • Meistbegünstigungsgrundsatz beachten!
2. Form	• Antrag beim VG, § 124a IV S. 1 u. 2 VwGO, einschl. Bezeichnung des angegriffenen Urteils, § 124a IV S. 3 VwGO, Anwaltszwang, § 67 IV S. 2 VwGO • Begründung der Berufungszulassung, § 124 IV S. 4 VwGO, beim OVG, § 124a IV S. 4 u. 5 VwGO
3. Frist	Zwei Fristen: • Für Zulassungsantrag ⇨ § 124a IV S. 1 VwGO • Für Zulassungsbegründung ⇨ § 124 IV S. 4 VwGO
4. Berechtigg.	Jeder in der Vorinstanz Beteiligte, § 124 I VwGO
5. Beschwer	Wenn Kläger oder Beklagter Rechtsmittelführer ist: ⇨ **formelle Beschwer** erforderlich; wenn der Beigeladene Rechtsmittelführer ist: ⇨ **materielle Beschwer** nötig

Eine Berufung ist nur dann zulässig, wenn sie gesondert zugelassen wurde. Unter welchen Voraussetzungen ist ein Antrag auf Zulassung der Berufung zulässig?

Berufung	**Revision**	**Beschwerde**
§§ 124 - 130b VwGO	**§§ 132 - 144 VwGO**	**§§ 146 - 152 VwGO**
Richtet sich gegen **Urteile** der VGe, § 124 VwGO, und **Gerichtsbescheide** der VGe, § 84 III, II Nr. 1 VwGO	Richtet sich gegen **Urteile** der VGe bzw. OVGe/ VGHe und **Beschlüsse** der OVGe/VGHe nach § 47 V S. 1 VwGO, §§ 132 I, 134 I VwGO	Richtet sich gegen Entscheidungen, die **weder Urteile noch Gerichtsbescheide** sind, § 146 I VwGO

Suspensiveffekt ⇨ die Einlegung des Rechtsmittels hemmt die formelle Rechtskraft

Devolutiveffekt ⇨ die nächsthöhere Instanz entscheidet über das Rechtsmittel

Welche Rechtsmittel sieht die VwGO vor?
Was kennzeichnet ein Rechtsmittel?

Vorbeugende Feststellungsklage ⇒

Klage auf Feststellung im Zusammenhang mit einem bestehenden, konkreten Rechtsverhältnis, das sich auf drohende zukünftige Verwaltungsmaßnahmen bezieht
⇨ **aber:** Vorrang des repressiven RS und § 43 II VwGO beachten!

Vorbeugender RS gegen untergesetzl. Rechtsnormen ⇒

Problem: Statthafte Klageart?

- e.A.: § 47 I Nr. 1 VwGO analog ⇨ vorbeugende Normenkontrolle (Problem: planwidrige Regelungslücke? § 47 VwGO dient v.a. der objektiven Rechtskontrolle)
- BVerwG: vorbeugende Feststellungsklage (Problem: § 43 II VwGO ⇨ Unterlassungsklage vorrangig?)
- a.A.: vorbeugende Unterlassungsklage (Problem: besonders krasser Eingriff in die Gewaltenteilung?)

Was ist eine vorbeugende Feststellungsklage?
Was ist bei vorbeugenden Klagen gegen untergesetzliche Rechtsnormen zu beachten?

Vorbeugender Rechtsschutz

Vorbeugende Unterlassungsklage

Unterlassen schlicht-hoheitl. Handelns → Unproblematisch

Unterlassen eines VAs → **Problem:** die §§ 68 ff., 80 ff. VwGO sollen nicht umgangen werden!

⇓

Ein qualifiziertes Interesse am vorbeugenden RS wird nur anerkannt, soweit repressiver RS ungenügend ist:

- **Klage gg. mit Strafe/Geldbuße bewehrte VAe**
- **Klage gg. VAe in Fällen regelmäßig eintretender, kurzfristiger Erledigung**
- **Klage gg. VAe, die vollendete Tatsachen schaffen (wichtig: beamtenrechtl. Konkurrentenklage)**

Welche Probleme stellen sich bei vorbeugenden Unterlassungsklagen?

Vorbeugender RS

Eine vorbeugende Klage wird in einem Hauptverfahren erhoben, um ein vorbeugendes, aber endgültiges Urteil zu erreichen

Vorläufiger RS

Vorläufiger RS wird in Form einer vorläufigen, nur bis zum Ende des Hauptverfahrens wirkenden Entscheidung gewährt

Aber: kein Alternativverhältnis ⇨ vorläufiger, vorbeugender RS ist möglich!

Problem: Art. 19 IV GG geht grds. nur von repressivem RS aus; außerdem: Beeinträchtigung der Gewaltenteilung ⇨ vorbeugender RS bedarf daher eines besonderen („qualifizierten") RS-Interesses (⇨ i.R. der Zulässigkeit zu prüfen!)

Wie verhalten sich vorbeugender und vorläufiger Rechtsschutz zueinander?
Warum bestehen grundsätzliche Bedenken gegen vorbeugenden Rechtsschutz?

Schadenersatz

Bei §§ 80, 80a VwGO ⇨ kein Schadenersatz vorgesehen

Bei § 123 VwGO ⇨ Anspruch gem. § 123 III VwGO i.V.m. § 945 ZPO möglich (**Problem**: Kann auch der Dritte, gg. den die Behörde aufgrund der einstweiligen Anordnung vorgeht, Antragsgegner i.S.d. § 945 ZPO und damit Anspruchsinhaber sein? **Str.!**)

§ 47 VI VwGO

Im **Normenkontrollverfahren** ist eine einstweilige Anordnung möglich, wenn dies zur Abwehr schwerer Nachteile oder aus anderen wichtigen Gründen erforderlich ist

Da § 47 VI VwGO das Verfahren nur teilweise regelt, werden ergänzend die Vorschriften des § 123 II, III, IV VwGO herangezogen ⇨ bzgl. der Begründetheitsprüfung kann ebenfalls auf § 123 VwGO verwiesen werden (KK 96)

Besteht ein Schadenersatzanspruch, wenn aufgrund einer gerichtlichen Entscheidung im vorläufigen Rechtsschutzverfahren gem. §§ 80, 80a, 123 VwGO ein Schaden entsteht? Welche weiteren vorläufigen Rechtsschutzbehelfe bestehen neben jenen gem. §§ 80, 80a, 123 VwGO?

Vorwegnahme der Hauptsache

Grundsatz: die Hauptsache darf nicht vorweggenommen werden ⇨ § 123 VwGO dient nur dem vorl. Rechtsschutz!

Ausnahme: Die Vorwegnahme der Hauptsache ist zulässig, wenn ein Recht sonst vereitelt würde oder eine lediglich vorläufige Regelung nicht zumutbar wäre (Art. 19 IV GG) ⇨ wichtig z.B. im Bereich der Sozialhilfe

Entscheidungsrahmen der Hauptsache

Grundsatz: Die Entscheidung darf nicht über das hinausgehen, was auch im Hauptsacheverfahren ausgesprochen werden könnte

Sonderfall: **h.M.**: Wenn nur ein Anspruch auf Neubescheidung besteht (vgl. § 113 V S. 2 VwGO), kann (sofern notwendig) das Gericht ausnahmsweise dennoch eine vorl. Verpflichtung der Behörde (vgl. § 113 V S. 1 VwGO) aussprechen (Art. 19 IV GG) ⇨ wichtig v.a. im Schulrecht

Inwiefern ist das Gericht in seinen Entscheidungsmöglichkeiten beschränkt, wenn der Antrag nach § 123 VwGO grds. begründet ist?

Antrag = begründet **(+)**, wenn (**ggf.:** § 78 VwGO **(+)** und wenn) der Antragsteller das Bestehen eines **Anordnungsanspruches** und eines **Anordnungsgrundes** glaubhaft macht, § 123 III VwGO i.V.m. §§ 920 II, 294 ZPO; str., ob dann noch Entschließungs- oder nur Auswahlermessen des Gerichts

1. Antragsgegner	Je nach Bundesland ⇨ § 78 VwGO (nicht) prüfen
2. Anordnungsanspruch	= mat. Anspruch in der Hauptsache: ⇨ entscheidend sind die **Erfolgaussichten einer Klage in der Hauptsache**
3. Anordnungsgrund	Gefahr der Rechtsvereitelung/-erschwerung bzw. Notwendigkeit zur Nachteilsabwendung ⇨ **Abwägung der Interessen/Güter der Beteiligten**
4. Glaubhaftmachung	§ 123 III VwGO, §§ 920 II, 294 ZPO: Erforderlich ist Glaubhaftmachung, d.h. Wahrscheinlichmachung (z.B. durch eidesstattliche Versicherung)

Unter welchen Voraussetzungen ist der Antrag nach § 123 VwGO begründet?

1. VWR-Weg	§ 40 I VwGO ⇨ es ist auf die Hauptsache abzustellen
2. Statthaftigkeit	Vgl. KK 82 ⇨ § 123 VwGO grds. statthaft, wenn kein Fall des § 80 V VwGO, wenn also in der Hauptsache andere Klage als Anfechtungsklage statthaft
3. Antragsbefugnis	§ 42 II VwGO analog **(+)**, wenn a) Möglichkeit eines Anordnungsgrundes **(+)** und b) Möglichkeit eines Anordnungsanspruches **(+)**
4. Allg. RSB	Wichtig v.a.: • **(-)** i.d.R. wenn Behörde vorher nicht beteiligt; • **(+)** auch wenn ein Hauptsacheverfahren noch nicht anhängig ist; • P. der Vorwegnahme der Hauptsache
5. Sonstiges	v.a.: • Form: §§ 81, 82 VwGO analog, § 123 III VwGO i.V.m. § 920 ZPO; • Zuständigkeit nach §§ 123 II S. 1 u. 2 VwGO; • Beteiligten-/Prozessfähigkeit gem. §§ 61, 62 VwGO

Wie wird die Zulässigkeit eines Antrages nach § 123 VwGO geprüft?

Sicherungs-anordnung	**Regelungs-anordnung**	**Leistungs-anordnung**
⇩	⇩	⇩
Die Sicherungs-anordnung i.S.d. § 123 I S. 1 VwGO ist eine zustands-sichernde Maß-nahme ⇨ ergeht, um den status quo zu erhalten	Die Regelungsanord-nung i.S.d. § 123 I S. 2 VwGO ist eine rechtsbegründende oder rechtserweiternde Maßnahme ⇨ ergeht, um vorläufig die Rechte des Antragstellers zu erweitern	Die Leistungsanordnung ergeht, um existenziell wichtige Ansprüche des Antragstellers zu befrie-digen (z.B. im Sozialhil-ferecht) ⇨ Unterfall der Regelungsanordnung i.S.d. § 123 I S. 2 VwGO

Wie werden Sicherungs-, Regelungs- und Leistungsverfügung i.R.d. § 123 VwGO voneinander abgegrenzt?

Grds.: § 80a III VwGO verweist auf § 80 V VwGO ⇨ Begründetheit grds. wie bei § 80 V VwGO (vgl. KK 89 f.)

Beachten:

§ 80a VwGO ermöglicht gerade, dass auch Dritte einen Antrag auf Aussetzung der Vollziehung bzw. auf Anordnung der sofortigen Vollziehung stellen können

In diesen Fällen wird i.R.d. Begründetheit nicht eine Abwägung der Interessen des Adressaten und der öff. Interessen durchgeführt, sondern eine Abwägung der *Interessen des Adressaten* und des *Dritten*.

- Nicht ausreichend: Bloße Rechtswidrigkeit des angegriffenen VA
- Zusätzlich erforderlich: **subjektive Rechtsverletzung des Antragstellers** (⇨ Verletzung einer drittschützenden Norm!)

Was ist i.R.d. Begründetheitsprüfung des Antrages nach § 80a III VwGO i.V.m. § 80 V S. 1 VwGO zu beachten?

Statthaftigkeit

h.M.: § 80a III VwGO auch statthaft beim faktischen Vollzug durch einen Dritten ⇨ möglich: Antrag **a)** nach §§ 80a III, 80 V VwGO auf **Feststellung** der aufsch. Wirkung oder **b)** nach §§ 80a III S. 1 Alt. 3, I Nr. 2, 80 V VwGO auf Vornahme von „**Maßnahmen** zur Sicherung der Rechte", also **zur Sicherung der aufsch. Wirkung** (⇨ **Beachten**: Antragsgegner ist jeweils der Rechtsträger der Behörde, nicht eine Privatperson!)

Antragsbefugnis

§ 42 II VwGO analog; **Problem**: beim Antrag eines Dritten ⇨ Möglichkeit der Verletzung einer drittschützenden Norm erforderlich!

Allg. RSB

Problem: Vorheriger Antrag an die Behörde nötig? **Str.!** Hängt davon ab, ob der Verweis in § 80a III S. 2 VwGO auf § 80 VI VwGO als Rechtsfolgen- (**e.A.**) oder Rechtsgrundverweisung (**h.M.**) gesehen wird ⇨ **h.M.:** Rechtsgrundverweisung, also Antrag an Behörde grds. nicht nötig

Grds. erfolgt die Prüfung der Zulässigkeit des Antrages nach § 80a III VwGO i.V.m. § 80 V S. 1 VwGO wie beim Antrag nach § 80 V S. 1 VwGO (vgl. KK 87). Welche besonderen Probleme stellen sich allerdings i.R.d. Zulässigkeit des Antrages nach § 80a III VwGO i.V.m. § 80 V S. 1 VwGO?

Rechtsbehelfe

§ 80 VII VwGO ⇨ Änderung/Aufhebung **auf Antrag** bei Änderung der Sach-/Rechtslage oder bei unverschuldeter Nichtgeltendmachung bestimmter Umstände im urspr. Prozess **(beachten:** kein Devolutiveffekt**!)**
⇨ neue Begründetheitsprüfung, d.h. neue Abwägung zw. öff. Vollzugs- und Aussetzungsinteresse

§§ 146 ff. VwGO ⇨ Beschwerde gg. den Beschluss (Devolutiveffekt!)

Art. 93 I Nr. 4a GG ⇨ Grds. ist die Verfassungsbeschwerde nach Art. 93 I Nr. 4a GG, §§ 13 Nr. 8a, 90 ff. BVerfGG möglich (⇨ Problem aber: Subsidiarität!)

Welche Rechtsbehelfe stehen gegen einen Beschluss nach § 80 V S. 1 VwGO zur Verfügung?

Begründet **(+)**, wenn (je nach Bundesland ggf. § 78 VwGO **(+)** und wenn) die Anordnung der sof. Vollziehung formell oder materiell rechtswidrig ist:

1. Je nach Bundesland: **Antragsgegner**, § 78 VwGO analog

2. Formelle Rechtmäßigkeit (s.o. KK 85)

3. Interessenabwägung: Aussetzungsinteresse ⇔ öff. Vollzugsinteresse ⇨ v.a. entscheidend: Erfolgsaussichten in der Hauptsache

↓

VA **rechtswidrig**? ⇨ kein öff. Interesse am Vollzug eines rechtswidrigen VA ⇨ **Antrag i.d.R. begründet**

VA **rechtmäßig**? ⇨ • **e.A.**: grds. Vorrang des Vollzugsinteresses; • **a.A.**: zusätzlich sei ein besonderes Vollzugsinteresse nötig, das über das allg. VA-Erlass-Interesse hinausgeht ⇨ je nach Ansicht **Antrag (un-)begründet**

Erfolgsaussichten offen? ⇨ Allg. Güter- und Interessenabwägung unter Berücksichtigung aller Umstände

Wie prüft man die Begründetheit eines Antrages nach § 80 V S. 1 Alt. 2 VwGO?

Begründet **(+)**, wenn (je nach Bundesland: er gegen den richtigen Beklagten gerichtet ist, § 78 VwGO analog, und wenn) das Aussetzungsinteresse des Antragstellers das öff. Vollzugsinteresse übersteigt:

1. Je nach Bundesland: Antragsgegner, § 78 VwGO analog

2. Abwägung: Aussetzungsinteresse ⇔ öff. Vollzugsinteresse ⇨ entscheidend: **Erfolgsaussichten im Hauptsacheverfahren** (vgl. **§ 80 IV S. 3 VwGO**):

- VA **rechtswidrig**? ⇨ kein öffentliches Interesse am Vollzug eines rechtswidrigen VA ⇨ **Antrag i.d.R. begründet**
- VA **rechtmäßig**? ⇨ Grds. Vorrang des öff. Vollzugsinteresses ⇨ **Antrag i.d.R. unbegründet**
- **Erfolgsaussichten offen**? ⇨ Allg. Güter- und Interessenabwägung unter Berücksichtigung aller Umstände; **beachten**: in den Fällen des § 80 V S. 1 Alt. 1 VwGO geht das Gesetz grds. vom Überwiegen des Vollzugsinteresses aus!

Wie wird die Begründetheit eines Antrages nach § 80 V S. 1 Alt. 1 VwGO geprüft?

§§ 123 V, 80 V VwGO

§ 80 V VwGO ist grds. statthaft, wenn in der Hauptsache die Anfechtungsklage statthaft wäre und aufschiebende Wirkung nach § 80 II VwGO entfällt ⇨ **Konkrete Fälle:**

§ 80 V S. 1 Alt. 1 VwGO

Antrag auf **Anordnung** der aufschiebenden Wirkung ⇨ in den Fällen des gesetzl. Ausschlusses der aufsch. Wirkung gem. § 80 II S. 1 Nr. 1 bis 3, S. 2 VwGO

§ 80 V S. 1 Alt. 2 VwGO

Antrag auf **Wiederherstellung** der aufschiebenden Wirkung ⇨ im Fall des behördl. Ausschlusses der aufsch. Wirkung gem. § 80 II S. 1 Nr. 4 VwGO

§ 80 V S. 1 VwGO analog

- **h.M.:** Antrag auf **Feststellung** der aufschiebenden Wirkung ⇨ im Fall des sog. faktischen Vollzuges; (**a.A.:** Verfahren gem. § 123 VwGO vorrangig)
- **h.M.:** § 80 V VwGO analog auch **(+)** beim Verpflichtungsbegehren im Fall des § 47 AufenthaltsG

Unter welchen Voraussetzungen ist der Antrag nach § 80 V VwGO statthaft?

Vorläufiger Rechtsschutz

1. VWR-Weg	Richtet sich nach § 40 I VwGO ⇨ Hauptsache maßgebl.
2. Statt-haftigkeit	§ 123 V VwGO ⇨ § 80 V VwGO ist grds. statthaft, wenn in der Hauptsache die Anfechtungsklage statthaft wäre und ein Fall des § 80 II VwGO gegeben ist
3. Antrags-befugnis	Gem. § 42 II VwGO analog **(+)**, wenn die Klagebefugnis in der Hauptsache **(+)**; vgl. KK 9
4. Allg. RSB	- Vorheriger Antrag an die Behörde gem. § 80 IV VwGO erforderlich? **H.M.: (-)** - Vorherige Einlegung des Hauptsacherechtsbehelfs erforderlich? **H.M.: (-)**, aber str.!
5. Frist	Keine Frist; aber: **Rechtsschutzbedürfnis (-)** bei Fristversäumnis in der Hauptsache (vgl. §§ 70 I, 74 I VwGO)
6. Sonstiges	• je nach Bundesland: Passivlegitimation gem. § 78 VwGO analog; • Form grds. nach §§ 81, 82 VwGO analog; • Zuständigkeit gem. §§ 80 V S. 1, 45, 52 VwGO

Unter welchen Voraussetzungen ist ein Antrag gem. § 80 V VwGO zulässig?

Widerspruch bzw. Anfechtungsklage ⇨ Zeitlicher und sachlicher Umfang der aufsch. Wirkung

Zeitlich:

- Hat **ex tunc**-Wirkung ⇨ wichtig, wenn nach VA-Erlass, aber vor Einlegung des Rechtsbehelfs der Vollzug erfolgt ⇨ der Vollzugsakt wird aufgrund der rückwirkenden Hemmung der Vollziehbarkeit rechtswidrig
- Hinsichtlich der **Dauer** der aufschiebenden Wirkung ist § 80b VwGO zu beachten

Sachlich:

- bei belastenden VAen ⇨ aufsch. Wirkung erstreckt sich auf den VA im Ganzen (einschl. unselbst. Nebenbestimmungen und Kostenentscheidung)
- bei sowohl belastenden als auch begünstigenden VAen ⇨ **grds.** erfasst die aufsch. Wirkung nur den belastenden Teil; **Ausn.:** wenn belastender und begünstigender Teil in einem untrennbaren Zusammenhang stehen

Tritt die aufschiebende Wirkung des Widerspruchs bzw. der Anfechtungsklage rückwirkend ein? Wie lange dauert sie an? Worauf erstreckt sich die aufschiebende Wirkung von Widerspruch und Anfechtungsklage?

1. Formelle Voraussetzungen

a) **Zuständigkeit:** § 80 II S. 1 Nr. 4 VwGO: Erlass- u. Widerspruchsbehörde

b) **Verfahren:** v.a. str. ⇨ Anhörung gem. § 28 I VwVfG erforderlich? **H.M.: (-)**

c) **Form:** § 80 III S. 1 VwGO: das besondere Vollzugsinteresse muss grds. schriftlich begründet werden ⇨ **h.M.:** § 45 I Nr. 2 VwVfG ist nicht anwendbar!

2. Materielle Voraussetzungen

Die Anordnung ist mat. rechtmäßig, wenn sie im öffentlichen Interesse oder im überwiegenden Interesse eines Beteiligten liegt ⇨ **v.a. zu beachten:**

- Erfolgsaussichten des Hauptsacherechtsbehelfs, vgl. § 80 IV S. 2 VwGO (klausurträchtig!)
- (Nicht-)Revidierbarkeit der Folgen bei sofortigem Vollzug
- Gefahren für die Allgemeinheit

Unter welchen Voraussetzungen ist die Anordnung der sofortigen Vollziehbarkeit nach § 80 II S. 1 Nr. 4 VwGO formell und materiell rechtmäßig?

§ 80 II S. 1 Nr. 1 VwGO	⇨	Anforderung öffentl. Abgaben und Kosten: • *Abgaben*: Steuern, Gebühren, Beiträge, sonstige Geldleistungen zur Deckung des allg. öffentl. Finanzbedarfs • *Kosten*: Auslagen und Gebühren aufgr. der Durchführung eines Vw-Verfahrens; gilt nicht für Kosten der Verwaltungsvollstreckung (z.B. Zwangsgeld)
§ 80 II S. 1 Nr. 2 VwGO	⇨	Unaufschiebbare Anordnungen/Maßnahmen von Polizeivollzugsbeamten ⇨ Gilt analog auch für Verkehrszeichen und Parkuhren (vgl. § 35 S. 2 VwVfG)
§ 80 II S. 1 Nr. 3 und II S.2 VwGO	⇨	Gesetzl. Ausschluss der aufsch. Wirkung; z.B.: • im Bundesrecht: § 212a BauGB, § 84 I AufenthG • im Landesrecht: v.a. bei Maßnahmen der Verwaltungsvollstreckung (z.B. gem. Art. 21a BayVwZVG)
§ 80 II S. 1 Nr. 4 VwGO	⇨	Behördl. Anordnung der sofortigen Vollziehung

Welche Ausnahmen von der grundsätzlichen aufschiebenden Wirkung von Widerspruch und Anfechtungsklage sind vorgesehen?

Aufschiebende Wirkung

h.M.

Wirksamkeit des VA zwar **(+)**, aber **umfassendes Verwirklichungs- und Ausnutzungsverbot** für Behörde und Dritte

m.M.

Wirksamkeit des VA **(-)**

Voraussetzungen

- § 80 I VwGO: Widerspruch oder Anfechtungsklage erforderlich
- **Str.:** Entfallen der aufsch. Wirkung bei Unzulässigkeit des Rechtsbehelfs?
- **h.M.** Die Begründetheit des Rechtsbehelfs ist für die Frage der aufsch. Wirkung ohne Belang!

Folgen

- Ausschluss von Vollstreckungsmaßnahmen der Behörde und von Sanktionen bei Zuwiderhandlung gegen den VA
- Der Adressat einer Baugenehmigung darf diese im Fall der aufsch. Wirkung nicht ausnutzen, beachte § 212a BauGB!

Was bedeutet der Begriff der aufschiebenden Wirkung i.S.d. § 80 I VwGO?
Unter welchen Voraussetzungen tritt die aufschiebende Wirkung i.d.S. ein?
Welche konkreten Folgen zeitigt die aufschiebende Wirkung nach der h.M.?

Vorläufiger Rechtsschutz

§§ 80, 80a VwGO ⇔ **§ 123 VwGO**

§ 123 V VwGO ⇨ der vorl. Rechtsschutz nach §§ 80, 80a VwGO hat Vorrang

§§ 80, 80a VwGO **(+)**, wenn das Begehren auf die Anordnung/Wiederherstellung der aufschiebenden Wirkung bzw. auf die Anordnung der sofortigen Vollziehung gerichtet ist

↓

Grds. dann statthaft, wenn in der Hauptsache die **Anfechtungsklage** einschlägig ist

§ 123 VwGO **(+)**, wenn das Begehren des vorläufigen Rechtsschutz Suchenden nicht unter §§ 80, 80a VwGO fällt

- **§ 123 I S. 1 VwGO:** Sicherungsanordnung
- **§ 123 I S. 2 VwGO:** Regelungsanordnung
- **Allg. anerkannt:** Leistungsanordnung

↓

Grds. dann statthaft, wenn in der Hauptsache eine **Verpflichtungs**-, **Leistungs**- oder **Feststellungsklage** statthaft ist

Wie werden die vorläufigen Rechtsschutzbehelfe nach §§ 80 ff. VwGO und § 123 VwGO voneinander abgegrenzt?

Begründetheit des Widerspruchs

(+), wenn **(1)** der angegriffene VA bzw. die Ablehnung des begehrten VA rechtswidrig ist und **(2)** der Widerspruchsführer dadurch in seinen subjektiven Rechten verletzt wird (§ 113 I S. 1, V S. 1 VwGO analog)

oder

(+), wenn **(1)** der angegriffene VA bzw. die Ablehnung des begehrten VA unzweckmäßig ist und **(2)** die zugrundeliegende Ermessensnorm auch die Interessen des Widerspruchsführers schützen soll, § 68 I S. 1 VwGO

Beachten:

Der Widerspruch ist ein gegnerloses Verfahren ⇨ eine **Passivlegitimation** wird nicht geprüft!

Entscheidungserhebl. Zeitpunkt ist die Zeit des Erlasses des Widerspruchsbescheids

Unter welchen Voraussetzungen ist der Widerspruch begründet?

1. Grds.: § 68 I S. 1, II VwGO

Statthaftigkeit (+)
- vor Erhebung der Anfechtungs- oder Verpflichtungsklage
- auch: bei nichtigem VA (arg.: effektiver Rechtsschutz)
- Statthaftigkeit allerdings **(-)** bei einem vorbeugenden (VA-Verhütungs-)Widerspruch

Ausnahmen

Statthaftigkeit (-):
- § 68 I S. 2 HS 1 VwGO i.V.m. Sondervorschrift ⇨ z.B. §§ 70, 74 I S. 2 VwVfG; §§ 68 II, 75 S. 1 VwGO
- § 68 I S. 2 Nr. 1 VwGO ⇨ grds. bei von einer obersten Bundes-/Landesbehörde erlassenen VAen
- § 68 I S. 2 Nr. 2 VwGO ⇨ erstmalige (analog: zusätzl.) Beschwer durch Abhilfe-/Widerspruchsbescheid
- **Rspr.:** bei Erledigung eines VA bzw. eines Verpflichtungsbegehrens vor Klageerhebung

2. Sonderregeln

§ 126 II, III BBG ⇨ auch vor allg. Leistungsklagen und Feststellungsklagen Widerspruchsverfahren statthaft

Unter welchen Voraussetzungen ist ein Widerspruch (nicht) statthaft?

Widerspruchsverfahren

§ 73 I S. 2 Nr. 1 VwGO	Grds.: zuständig ist die **nächsthöhere Behörde** ⇨ ergibt sich aus dem für den Behördenaufbau maßgebl. Organisationsrecht des Bundes/des Landes (i.d.R. FA-Behörde)
§ 73 I S. 2 Nr. 2 VwGO	zuständig ist die **Ausgangsbehörde**, wenn die nächsthöhere Behörde eine oberste Bundes-/Landesbehörde ist
§ 73 I S. 2 Nr. 3 VwGO	die **Selbstverwaltungsbehörde** entscheidet über Selbstverwaltungsangelegenheiten selbst ⇨ Ausnahmen möglich, z.B. gem Art. 119 Nr. 1 BayGO
Sonderregeln	• § 73 I S. 3 VwGO: Generelle Festlegung der Zuständigkeit der Ausgangsbehörde (selten!) • § 73 II VwGO: Zuständigkeit bestimmter Ausschüsse und Beiräte, soweit spezialgesetzlich angeordnet • § 126 III BBG im Beamtenrecht beachten!

Welche Behörde ist für die Entscheidung über den Widerspruch zuständig?

Abhilfebehörde

Wenn die Behörde den Widerspruch für teilweise begründet hält ⇨ **h.M.:** zwar keine Abhilfepflicht, aber Befugnis zur teilweisen Abhilfe (**arg.:** Vgl. zw. § 72 VwGO und § 113 I S. 1 VwGO)

Wenn die Behörde den Widerspruch für zulässig und begründet hält ⇨ **h.M.:** Abhilfepflicht (vgl. § 72 VwGO)

Grds. auch möglich: Aufhebung des VA gem. §§ 48 f. VwVfG (während des gesamten Vorverfahrens!)

Widerspruchsbehörde

h.M.: die Widerspruchsbehörde kann den begehrten VA selbst erlassen

h.M.: Sie kann den angegriffenen VA aber auch aufheben und die Erlassbehörde zum Erlass des begehrten VA anweisen (⇨ **beachten:** hiervon unabhängig ist die mögliche Kompetenz der Widerspruchsbehörde gerade als Aufsichtsbehörde!)

Welche Entscheidungsmöglichkeiten hat die Abhilfebehörde, wenn sie den Widerspruch für zulässig und begründet hält?

Was kann bzw. muss die Widerspruchsbehörde tun, wenn sie einen Verpflichtungswiderspruch für zulässig und begründet hält?

Widerspruchsverfahren

1. Zuständigkeit der Widerspruchsbehörde

Ergibt sich aus § 73 I VwGO (ggf. i.V.m. landesrechtl. Sondervorschriften); s.u. KK 79

2. Zulässigkeit des Widerspruchs

a) Eröffnung des VWR-Wegs, § 40 VwGO analog
b) Statthaftigkeit des Widerspruchs, § 68 VwGO; s.u. KK 80
c) Widerspruchsbefugnis, § 42 II VwGO analog; siehe hierzu oben KK 9
d) Form, § 70 VwGO; siehe hierzu oben KK 12
e) Frist, § 70 VwGO; siehe hierzu oben KK 13
f) Beteiligtenbezogene Voraussetzungen
g) Sonstiges (z.B. Sachbescheidungsinteresse)

3. Begründetheit des Widerspruchs, s. KK 81

Nach welchem Schema werden die Erfolgsaussichten eines Widerspruchs geprüft?

Widerspruchsverfahren

1. Dienstaufsichtsbeschwerde	- Gerügt wird hier das persönl. Verhalten eines Behördenvertreters ⇨ hiermit sollen disziplinarrechtl. Maßnahmen erwirkt werden, vgl. §§ 5 ff. BDG - gerichtet an die Dienstaufsichtsbehörde
2. Fachaufsichtsbeschwerde	- Gerügt wird hier die Recht- und Zweckmäßigkeit einer Maßnahme ⇨ die Abgrenzung zum Widerspruch erfolgt gem. Art. 19 IV GG danach, welcher Rechtsbehelf am rechtsschutzintensivsten ist - gerichtet an die Fachaufsichtsbehörde
3. Gegenvorstellung	- Anregung, eine Maßnahme zu treffen, zu ändern oder aufzuheben - gerichtet an die Ausgangsbehörde
4. Parlamentspetition, vgl. Art. 17 GG	- Gerügt werden kann hiermit jede Art von Verwaltungstätigkeit - gerichtet an den Bundestag oder einen Landtag

Von welchen außergerichtlichen Rechtsbehelfen ist der Widerspruch abzugrenzen?

Zweck / **Wirkung** des Widerspruchsverfahrens

Zweck

- Entlastung der Gerichte
- Zusätzlicher Rechtsbehelf für den Bürger
- Selbstkontrolle der Verwaltung

Wirkung

Suspensiveffekt (schon durch die Widerspruchseinlegung!):
⇨ Eintritt der aufschiebenden Wirkung (§ 80 I S. 1 VwGO)
⇨ Hemmung der Bestandskraft des angegriffenen VA

Devolutiveffekt (erst durch die Abhilfeverweigerung der Ausgangsbehörde!)
⇨ die nächsthöhere Behörde wird zuständig
⇨ beachten: daneben bleibt die Ausgangsbehörde zuständig! §§ 48 f. VwVfG

Der Ablauf des Widerspruchsverfahrens wurde bereits oben i.R.d. Zulässigkeit der Anfechtungsklage dargestellt (vgl. KK 11).
Welchen Zweck aber verfolgt das Widerspruchsverfahren?
Welche Wirkung hat der Widerspruch?

Abstrakte Normenkontrolle

1. Passivlegitimation	§ 47 II S. 2 VwGO ⇨ Richtiger Antragsgegner (**a.A.**: Frage der pass. Prozessführungsbefugnis i.R. der Zulässigkeit)
2. Prüfungsmaßstab	§ 47 III VwGO ⇨ landesverfassungsrechtl. Vorbehalt beachten (v.a. Art. 98 S. 4 BayVerf, Art. 132 HessVerf)
3. Begründetheit i.e.S.	**Wirksamkeit der angegriffenen Norm? Keine subjektive Rechtsverletzung nötig!** a) **Rechtsgrundlage festlegen** b) **Formelle RMK** der zu prüfenden Norm ⇨ (1) Zuständigkeit (Verbands-/Organkompetenz); (2) Verfahren (z.B. Ausfertigung); (3) Form c) **Materielle RMK** der zu prüfenden Norm ⇨ (1) Wirksamkeit der Rechtsgrundlage; (2) TB-Voraussetzungen der Rechtsgrundlage; (3) Ordnungsgemäße Ermessensausübung; ggf. Fehlerfolge §§ 214 f. BauGB
4. Rechtsfolgen	§ 47 V S. 2 - 4 VwGO beachten

Unter welchen Voraussetzungen ist die abstrakte Normenkontrolle gem. § 47 VwGO begründet?

Allgemeines Rechtsschutzbedürfnis

Anträge einer **nat./jur. Person**:

- RSB allg. (-), wenn die Rechtsstellung des Antragstellers durch die begehrte Entscheidung nicht verbessert wird und die Inanspruchnahme des Gerichts daher nutzlos ist (**beachten**: §§ 47 V S. 3, 183 VwGO)
- (+), auch neben oder unabhängig von einer Anfechtungs-/Verpflichtungsklage
- (-), sofern die Norm z.B. wg. Außerkrafttreten keine Rechtswirkungen mehr äußern kann (vgl. §§ 14, 17 BauGB!)

Anträge einer **Behörde**:

- eine Behörde muss zwar nicht antragsbefugt sein, aber zumindest ein objektives Kontrollinteresse haben ⇨ i.d.R. (+) bei Aufsichts- und normvollziehenden Behörden
- **h.M.:** (-) bzgl. Satzungen der antragstellenden Behörde

Was ist i.R.d. Prüfung des allgemeinen Rechtsschutzbedürfnisses zu beachten?

Abstrakte Normenkontrolle

§ 47 II S. 1

Antragsberechtigung

- Natürl. Personen
- Jurist. Personen
- Behörden
- **h.M.:** Personenmehrheiten, die bzgl. der Parteifähigkeit jur. Personen gleichgestellt sind (**Bsp.:** OHG, § 124 II HGB; Parteien, § 3 PartG)

Antragsbefugnis

- **Grds.:** (+), wenn es möglich ist, dass der Antragsteller durch die Norm oder ihre Anwendung in seinen Rechten verletzt wird
- bei **Bebauungsplänen**: (+), wenn der Antragsteller durch den BBPl bzw. seine Anwendung in einem Interesse negativ betroffen ist, das bei der Abwägung nach § 1 VII BauGB als privater Belang Berücksichtigung finden musste
- bei **Behörden**: zwar keine Antragsbefugnis erforderlich, aber ein objektives Kontrollinteresse (s.u.)

Welche Personen sind antragsberechtigt?

Wann ist die Antragsbefugnis zu bejahen?

Statthaftigkeit

(+), wenn der Antrag gegen Satzungen nach BauGB bzw. Rechtsverordnungen aufgrund § 246 II BauGB (§ 47 I Nr. 1 VwGO) oder gg. landesrechtl. nichtformelle Normen - sofern landesrechtlich bestimmt! (§ 47 I Nr. 2 VwGO) - gerichtet ist

- **h.M.:** (-) bzgl. Verwaltungsvorschriften ⇨ grds. keine Außen-, sondern nur behördeninterne Wirkung
- **Rspr. Z.T.** (+)

BVerwG: (+) bzgl. Geschäftsordnungen des Gemeinderats/der Gemeindevertretung

Beachten: kontrollfähig sind nur bereits „erlassene" Normen (⇨ Verkündung nötig, nicht jedoch bereits Inkrafttreten!)

Unter welchen Voraussetzungen ist ein Normenkontrollantrag statthaft?

Abstrakte Normenkontrolle

1. Statthaftigkeit	§ 47 I VwGO ⇨ siehe nachfolgende KK
2. „I.R.d. Gerichtsbarkeit“	„Rahmen der Gerichtsbarkeit“ nach § 47 I VwGO **(+)**, wenn Streitigkeiten aus dem Vollzug der angegriffenen Norm solche sind, die unter § 40 VwGO fallen
3. Antragsberechtigung	§ 47 II S. 1 VwGO ⇨ s.u. KK 72
4. Antragsbefugnis	§ 47 II S. 1, IIa VwGO ⇨ s.u. KK 72
5. Frist	§ 47 II S. 2 VwGO a.E.: Ein-Jahres-Frist ab Bekanntmachung der Norm
6. Rechtsschutzbedürfnis	s.u. KK 73
7. Sonstiges	z.B. Form gem. §§ 81, 82 VwGO analog, Anwaltszwang, § 67 IV VwGO

Nach welchem Schema wird die Zulässigkeit der abstrakten Normenkontrolle gem. § 47 VwGO geprüft?

Subsidiarität

§ 43 II VwGO ⇨ die allg. Feststellungsklage ist ggü. Gestaltungs-/Leistungsklagen grds. subsidiär ⇨ **Zweck:** die Sonderregeln bzgl. Vorverfahren und Klagefrist (vgl. §§ 68 ff. VwGO) sollen nicht umgangen werden

Ausnahmen sind möglich, z.B.:
- bei Klagen gg. eine öff.-rechtl. Körperschaft (str.!)
- wenn andere Klage zu kurz greift

Feststellungsinteresse

§ 43 I VwGO ⇨ • Berechtigtes Interesse = durch die Sachlage gerechtfertigtes wirtschaftl., rechtl. oder ideelles Interesse; • baldige Feststellung = das Bedürfnis an der Feststellung besteht in der Gegenwart oder in nicht ferner Zukunft

Bsp.:
- Wiederholungsgefahr
- unklare Rechtslage, die von Bürger und Behörde unterschiedlich interpretiert wird
- Rehabilitationsinteresse

Was ist bzgl. der grundsätzlichen Subsidiarität der allgemeinen Feststellungsklage zu beachten? Was ist bzgl. des gem. § 43 I VwGO erforderlichen Feststellungsinteresses zu bemerken?

Allgemeine Feststellungsklage

§ 43 VwGO

Rechtsverhältnis

Definition: Eine sich aus einem konkreten Sachverhalt aufgrund einer öffentl.-rechtl. Regelung ergebende Beziehung einer Person zu einer anderen Person oder zu einer Sache

Bsp.:
- Genehmigungsfreiheit einer bestimmten Tätigkeit
- Mitgliedschaft in einer Körperschaft

NichtigkeitsFKl

Wenn Nichtigkeitsfeststellungsklage erhoben wurde und sich herausstellt, dass der VA lediglich rechtswidrig und damit anfechtbar ist (bzw. umgekehrte Situation):

Entweder entsprechende Auslegung des Klageantrages gem. **§ 88 VwGO** oder Umstellung der Klage nach einem richterlichen Hinweis gem. **§ 86 III VwGO**!
Problem: Verfristung, da Feststellungsklage Frist des § 74 VwGO nicht hemmt

Was ist ein Rechtsverhältnis i.S.d. § 43 I VwGO?
Was kann der Kläger tun, wenn er Nichtigkeitsfeststellungsklage erhoben hat und sich herausstellt, dass der VA lediglich rechtswidrig und damit anfechtbar ist (bzw. umgekehrt)?

Allgemeine Feststellungsklage

1. Sachentscheidungskompetenz	§ 40 I VwGO (s.o.; vgl. KK 3, 44)
2. Statthaftigkeit	1. Klage auf Feststellung eines Rechtsverhältnisses 2. Klage auf Feststellung des Nichtbestehens eines Rechtsverhältnisses 3. Nichtigkeitsfeststellungsklage
3. Subsidiarität	Gestaltungs-/Leistungsklage hat grds. Vorrang, § 43 II VwGO ⇨ **Ausn.:** Subsidiarität **(-)**, wenn gerade die FK dem Rechtsschutzinteresse entspricht
4. Klagebefugn.	**h.M.:** § 42 II VwGO analog anwendbar
5. Festst.Int.	§ 43 I VwGO ⇨ Bes. Feststellungsinteresse erforderlich
6. Sonstiges	**Sonstiges** (vgl. KK 16 ff.): • Beteiligten-/ Prozessfähigkeit; • Ordnungsgemäße Klageerhebung; • Rechtsschutzbedürfnis; • Zuständigkeit; • grds. kein Vorverfahren und keine Klagefrist, **Ausn.:** § 126 II BBG

Wie wird die Zulässigkeit einer allgemeinen Feststellungsklage geprüft?

Allgemeine Leistungsklage

Passivlegitimation

BayVGH: die angegriffene Handlung ist dem Rechtsträger (i.d.R. also der Gemeinde) zuzurechnen ⇨ dieser ist also passivlegitimiert

Erscheint in solchen Bundesländern als folgerichtig, in denen von § 78 I Nr. 2 VwGO kein Gebrauch gemacht worden ist

a.A.: das konkret handelnde Organ ist selbst passivlegitimiert (bzw. passiv prozessführungsbefugt) ⇨ keine Zurechnung an den Rechtsträger

Erscheint insofern sinnvoller, als ansonsten prozessrechtlich komplizierte Situationen entstehen könnten ⇨ **z.B.** bei der Klage des Bürgermeisters gg. die von ihm selbst vertretene Gemeinde

Was ist bzgl. der Passivlegitimation i.R.d. KVS zu beachten?

Der Kommunalverfassungsstreit (KVS)

I. **Problem: Sachentscheidungskompetenz des Gerichts** ⇨ Eröffnung des Verwaltungsrechtswegs gem. § 40 I VwGO: ⇨ Der KVS ist ein **nichtverfassungsrechtl.** Streit i.S.d. § 40 I VwGO!

II. **Problem:** Statthaftigkeit der Klage
- Anfechtungsklage i.d.R. **(-)**, da Außenwirkung regelmäßig **(-)** ⇨ VA **(-)**!
- ansonsten bei Vorgehen gegen nicht erledigtes Internum str., ob allg. Leistungsklage oder allg. Feststellungsklage einschlägig ist, bei Erledigung nur § 43 VwGO

III. **Problem:** Klagebefugnis ⇨ auf Verletzung organschaftl. Rechte abstellen, z.B.: Recht des Gemeinderatsmitglieds auf Teilnahme an Sitzungen, auf Antragstellung, auf Berücksichtigung bei der Ausschussbesetzung, Grundrechte nicht einschlägig, da Handeln als Teil der Vewaltung

IV. **Problem:** Beteiligtenfähigkeit ⇨ i.d.R. ist auf § 61 Nr. 2 VwGO (analog) abzustellen, weil organschaftliche, nicht persönliche Rechte in Frage stehen

Welche Probleme können i.R.d. Zulässigkeit der kommunalverfassungsrechtlichen Streitigkeit (KVS) auftreten?

Nichtigkeit des öffentl.-rechtl. Vertrages ⇨ **§ 59 VwVfG**

§ 59 II VwVfG

Zunächst sind die speziellen Nichtigkeitsgründe des § 59 II VwVfG zu prüfen

§ 59 I VwVfG

Anschließend: Prüfung des § 59 I VwVfG
⇨ Problem hier: kommt § 134 BGB uneingeschränkt zur Anwendung?

- bei Verstoß gg. ein Vertragsformverbot ⇨ Nichtigkeit gem. § 59 I VwVfG, § 134 BGB **(+)**
- bei inhaltl. Verstoß ⇨ Nichtigkeit gem. § 59 I VwVfG i.V.m. § 134 BGB nur dann **(+)**, wenn die in Frage stehende Vorschrift nach ihrem Schutzzweck den Rechtsakt im Ergebnis verhindern wollte

Unter welchen Voraussetzungen ist ein öffentlich-rechtlicher Vertrag nichtig?

Formelle RMK ⇔ **Materielle RMK**

Formelle RMK

1) Zuständigkeit (⇨ aus allg. Vorschriften)

2) Verfahren ⇨ hier ist v.a. die Mitwirkung gem. § 58 VwVfG zu beachten!

3) Form ⇨ § 57 VwVfG beachten!

Materielle RMK

1) **Vertragsformverbot** ⇨ ggf. ist der Vertrag als Handlungsform unzulässig: z.B. gem. § 2 III Nr. 2 VwVfG, § 1 III S. 2 BauGB; auch: ungeschriebene Verbote!

2) **Vertragsinhalt**

- kein Verstoß gg. höherrangiges Recht ⇨ bes. VerwR; GG einschl. Grundrechte und Verhältnismäßigkeitsgrds.
- z.T. problematisch: Bindung an Vorrang und Vorbehalt des Gesetzes, Art. 20 III GG
- bei subordinationsrechtl. Verträgen ⇨ § 55 VwVfG und v.a. § 56 VwVfG beachten

Welche Probleme können bei der Prüfung der auftauchen, ob ein öffentlich-rechtlicher Vertrag gegen ein Verbotsgesetz nach § 59 I VwVfG i.V.m. § 134 BGB verstößt?

I. Vorliegen eines öffentl.-rechtl. Vertrages

- wirksamer Vertragschluss (§ 62 S. 2 VwVfG i.V.m. §§ 145 ff. BGB)
- Qualifizierung als öffentl.-rechtl. Vertrag (entscheidend: **Vertragsgegenstand**!)
  ⇨ ggf. schon i.R.d. § 40 VwGO zu prüfen (öffentl.-rechtl. Streitigkeit?)
- Abgrenzung zum mitwirkungsbedürftigen VA bzw. Zusicherung

II. Wirksamkeit des öffentl.-rechtl. Vertrages = Einwendungen nach § 59 VwVfG?

Falls kein Fall des § 59 II VwVfG: über § 59 I VwVfG i.V.m. § 134 BGB Verstoß gegen Verbotsgesetz zu prüfen

a) Formelle RMK: • Zuständigkeit; • Verfahren; • Form
b) Materielle RMK: • Vertragsformverbot; • Vertragsinhalt
c) Rechtsfolge: § 59 III VwVfG

Wie wird geprüft, ob ein Anspruch aus einem öffentlich-rechtlichen Vertrag entstanden ist?

Öffentlich-rechtlicher Erstattungsanspruch

I. Rechtsgrundlage:
- Spezialgesetze? Z.B. § 12 II BBesG
- ansonsten: ungeschriebener öffentl.-rechtl. Erstattungsanspruch (beruht auf Art. 20 III GG)

II. Vermögensverschiebung zugunsten des Anspruchsgegners

III. aufgrund öffentl.-rechtl. Rechtsbeziehung

IV. ohne Rechtsgrund ⇨ z.B. Rechtsgrund (+) bei rechtswidrigem, aber unangefochtenem VA; (-) bei nichtigem VA

V. Problem: Wegfall der Bereicherung gem. § 818 III BGB analog möglich?
- z.T. bestehen Spezialregelungen (z.B. in § 12 II BBesG)
- i.Ü. str.; **h.M.:** ⇨ der Staat kann sich nicht auf Entreicherung berufen;
  ⇨ der Bürger kann sich ebenfalls nicht auf § 818 III BGB berufen; stattdessen: Abwägung zw. Gesetzmäßigkeit der Verwaltung und Vertrauensschutz, vgl. § 49a VwVfG

Wie ist das Bestehen eines öffentlich-rechtlichen Erstattungsanspruches zu prüfen?

Allgemeine Leistungsklage

§ 113 I S. 2 VwGO

§ 113 I S. 2 VwGO regelt nicht die **materiell-rechtl.** Grundlage des FBA

§ 113 I S. 2 VwGO vereinfacht die **prozessuale Durchsetzung** eines FBA:

Durch die Anfechtungsklage wird ein VA aufgehoben, sodass hierdurch die für den FBA erforderliche Rechtswidrigkeit d. geschaffenen Zustandes herbeigeführt wird ⇨ gem. § 113 I S. 2 VwGO kann dann im gleichen Prozess der FBA geltend gemacht werden

Gilt i.Ü. auch für den öff.-rechtl. Erstattungsanspruch (s.u.: KK 61)

Welche Bedeutung hat § 113 I S. 2 VwGO für den FBA?

Allgemeine Leistungsklage

RWK des herbeigeführten Zustands

- FBA knüft an RWK des Zustands, nicht des Eingriffs an ⇨ allerdings wird dies durch die RWK des Eingriffs indiziert
- RWK **(-)**, bei Duldungspflicht (v.a.: wirksamer (!) VA; § 22 BImSchG; § 906 BGB analog) oder bei nachträgl. Legalisierung (z.B. VA-Erlass)

Wiederherstellung

- Herstellung eines gleichwertigen Zustands muss möglich sein
- Herstellung muss zulässig sein (Eingriff in Rechte Dritter? ⇨ Rechtsgrundlage erforderl.!)
- Herstellung muss zumutbar sein

Wenn unmgl. oder unzumutbar ⇨ Entschädigung

Mitverschulden

- bei weit überwiegendem Mitverschulden ⇨ Entfallen des FBA,
- **sonst:** Ausgleichsanspruch gem. § 251 BGB analog, Kürzung nach § 254 BGB analog

Was ist bzgl. der Rechtswidrigkeit des Eingriffs i.R.d. FBA zu beachten?
Welche Probleme können sich beim FBA bzgl. der Wiederherstellung ergeben?
Welche Folgen ergeben sich beim FBA aus dem Mitverschulden des Anspruchstellers?

Allg. Folgenbeseitigungsanspruch (FBA)

I. Rechtsgrundlage	**Str.!** einschlägige Grundrechte, Art. 20 III GG, § 1004 BGB analog, GewohnheitsR
II. Eingriffsobjekt	Subjektives Recht (z.B. Art. 2 II; 14 I GG)
III. Hoheitl. Eingriff	
IV. Schaffung eines rechtswidrigen, noch andauernden Zustands	RWK **(-)**, bei Duldungspflicht des Bürgers oder bei nachträgl. Legalisierung
V. Wiederherstellung	Muss möglich, zulässig und zumutbar sein
VI. Ausschluss	**Problem:** bei überwiegendem Mitverschulden?

Nach welchem Schema wird ein öffentlich-rechtlicher Folgenbeseitigungsanspruch (FBA) geprüft?

Unterlassungsanspruch

I. Rechtsgrundlage
→ **Str.:** Grundrechte; Art. 20 III GG; § 1004 BGB analog, Gewohnheitsrecht

II. Schutzbereich eines subjektiven öff. Rechts
→ I.d.R. Schutzbereich eines Grundrechts, z.B. Art. 14 GG

III. Hoheitl. Eingriff

IV. Rechtswidrigkeit des Eingriffs
→ **(-)**, wenn Duldungspflicht, die Behörde also zum Eingriff berechtigt war ⇨ z.B. gem. sicherheitsrechtl. Generalklausel bei Vorliegen einer Gefahr

V. Rechtsfolge: Unterlassung

Nach welchem Schema sollte ein öffentlich-rechtlicher Unterlassungsanspruch geprüft werden?

Begründetheit der allg. Leistungsklage

Die allg. Leistungsklage ist begründet, wenn
- dem Kläger der behauptete Anspruch tatsächlich zusteht und
- dieser Anspruch auch durchsetzbar ist

- Es ist anerkannt, dass § 78 I Nr. 1 VwGO analog anwendbar ist
- § 78 I Nr. 2 VwGO ist nicht analog anwendbar

Str. ist aber, ob § 78 I Nr. 1 VwGO analog als Passivlegitimation in der **Begründetheit** oder als passive Prozessführungsbefugnis in der **Zulässigkeit** geprüft werden muss

Unter welchen Voraussetzungen ist die allgemeine Leistungsklage begründet?

Allgemeine Leistungsklage

Statthaftigkeit der allgemeinen Leistungsklage

1) Leistungs-Vornahmeklage → **(+)**, wenn das Begehren auf ein schlichtes Verwaltungshandeln, **(-)**, wenn es auf den Erlass oder die Aufhebung eines VA gerichtet ist

2) Leistungs-Unterlassungsklage → **(+)**, wenn das Begehren auf das Unterlassen eines künftigen Verwaltungshandelns gerichtet ist (⇨ auch: gg. drohenden VA!)

3) Normerlassklage → **Problem:** Richtige Klageart beim Begehren des Erlasses einer untergesetzl. Norm? → **BayVGH**: allg. Leistungsklage; **BVerwG**: Feststellungsklage i.S.d. § 43 VwGO; **a.A.**: § 47 VwGO analog

4) Normenkontrolle → In Ländern, in denen von § 47 I Nr. 2 VwGO kein Gebrauch gemacht wurde ⇨ Feststellungsklage wohl vorrangig

Unter welchen Voraussetzungen ist die allgemeine Leistungsklage statthaft?

Probleme i.R. der Eröffnung des Verwaltungsrechtsweges

Öffentl.-rechtl. Streitigkeit i.S.d. § 40 I VwGO?

(+), wenn die streitentscheidende Norm öff.-rechtl. Natur ist (v.a.: Abwehranspruch gg. Realakt)

Problematisch bei der allg. Leistungsklage v.a. bei behördl. Realakten (z.B. behördl. Äußerungen; Immissionen von gemeindl. Einrichtungen) ⇨ hier kommt es jeweils auf den funktionalen Sachzusammenhang an, in dem der Realakt steht

Abdrängende Sonderzuweisung?

Wichtig: **§ 40 II S. 1 VwGO** ⇨ gilt v.a. für:

- Aufopferungsansprüche (§§ 74 f. EinlPrALR);
- Ansprüche aus öff.-rechtl. Verwahrung;
- SE-Ansprüche bzgl. Verletzung öffentl.-rechtl. Pflichten, die nicht auf öffentl.-rechtl. Vertrag beruhen

Welche Probleme können sich bei der allgemeinen Leistungsklage i.R.d. Prüfung des Verwaltungsrechtsweges ergeben?

(1) Sachentscheidungskompetenz des Gerichts: Verwaltungsrechtsweg und Zuständigkeit, §§ 40, 45, 52 VwGO

(2) Zulässigkeitsvoraussetzungen der allg. Leistungsklage i.e.S.

(a) Statthaftigkeit der Klage, § 42 I VwGO ⇨ Die Klage muss auf die Vornahme eines schlichten oder auf das Unterlassen irgendeines (auch VA!) Verwaltungshandelns gerichtet sein

(b) Klagebefugnis, § 42 II VwGO analog ⇨ Möglichkeit eines Anspruches?

(c) Klagefrist und Vorverfahren grds. nicht vorgeschrieben (Beachte aber § 126 II, III BBG)

(d) **Sonstiges** (vgl. KK 16 ff.): Beteiligten-/Prozessfähigkeit (§§ 60, 61 VwGO); Ordnungsgemäße Klageerhebung (§§ 81 I, 82 I S. 1 VwGO); Rechtsschutzbedürfnis

Nach welchem Schema ist die Zulässigkeit einer allgemeinen Leistungsklage zu prüfen?

Fortsetzungsfeststellungsklage

Begründetheit der Fortsetzungsfeststellungsklage

Ursprüngliche Anfechtungsklage

Begründet **(+)** gem. § 113 I S. 4 VwGO, wenn:

- die Klage gg. den richtigen Beklagten gerichtet ist (§ 78 I Nr. 1 VwGO analog; str.!),
- der erledigte VA rechtswidrig war,
- und der Kläger dadurch in seinen Rechten verletzt wurde

Ursprüngliche Verpflichtungsklage

Begründet **(+)** gem. § 113 I S. 4, V VwGO, wenn:

- die Klage gg. den richtigen Beklagten gerichtet ist (§ 78 I Nr. 1 VwGO analog; str.!),
- die Versagung des begehrten VA rechtswidrig war,
- und der Kläger dadurch in seinen Rechten verletzt wurde

(⇨ bestand ein Anspruch?)

Voraussetzungen für die Begründetheit der Fortsetzungsfeststellungsklage?

Vorverfahren

Erledigung **nach** Klageerhebung bzw. nach Ablauf der Widerspruchsfrist ⇨ ordnungsgem. Vorverfahren erforderlich, umgestellte Anfechtungsklage

Erledigung **vor** Klageerhebung innerhalb der Widerspruchsfrist ⇨ **BVerwG:** ein Vorverfahren ist sogar unstatthaft (**str.!**), Sinn und Zweck des Vorverf. nicht erreichbar.

Frist

Erledigung **nach** Klageerhebung ⇨ die Klagefrist i.S.d. § 74 I VwGO muss eingehalten werden

Erledigung **vor** Klageerhebung ⇨ **Rspr.:** Klagefrist nicht erforderlich; **a.A.:** Klagefrist muss eingehalten worden ⇨ Streit i.d.R. wg. § 58 II VwGO unerheblich! Unstr.: Klage unzulässig, wenn Erledigung erst nach Ablauf der Klagefrist!

Besonderes Feststellungsinteresse

§ 113 I S. 4 VwGO ⇨ Besonderes schutzwürdiges rechtl., wirtschaftl. oder ideelles Interesse an der Feststellung (gilt sowohl bei direkter wie bei analoger Anwendung)

1) Wiederholungsgefahr
2) Rehabilitationsinteresse
3) Vorbereitung eines Amtshaftungsprozesses (nicht bei Erledigung vor Klage)
4) Schwerer Grundrechtseingriff

Ist vor der Fortsetzungsfeststellungsklage ein Widerspruchsverfahren durchzuführen? Was ist bzgl. der Klagefrist zu beachten? Welche Anforderungen sind an das besondere Feststellungsinteresse zu stellen?

(1) Sachentscheidungskompetenz des Gerichts: Verwaltungsrechtsweg und Zuständigkeit, §§ 40 (§ 23 I EGGVG beachten!), **45, 52 VwGO**

(2) Zulässigkeitsvoraussetzungen der Fortsetzungsfeststellungsklage i.e.S.

(a) Statthaftigkeit der Klage ⇨ Gem. § 113 I S. 4 VwGO (ggf. analog!) **(+)**, wenn sich der angefochtene (bzw. begehrte VA) nach (oder vor, str.) Klageerhebung erledigt hat und die Klage auf Feststellung der Rechtswidrigkeit des angefochtenen VA (bzw. der Ablehnung des VA) gerichtet ist

(b) Klagebefugnis, § 42 II VwGO ⇨ Möglichkeit einer Rechtsverletzung?

(c) Ordnungsgem. Vorverfahren, §§ 68 ff. VwGO (vgl. KK 10 ff.; z.T. str.!)

(d) Klagefrist, § 74 VwGO (vgl. KK 15; im Detail str.!)

(e) Feststellungsinteresse, § 113 I S. 4 VwGO

(f) Sonstiges (vgl. KK 16 ff.)

Nach welchem Schema ist bei der Prüfung der Zulässigkeit der Fortsetzungsfeststellungsklage i.S.d. § 113 I S. 4 VwGO vorzugehen?

Verpflichtungsklage

§ 113 V S. 1 u. 2 VwGO

Bescheidungsurteil, § 113 V S. 2 VwGO

Bei **fehlender Spruchreife**:

- bei Ermessensentscheidungen, wenn kein Fall der Ermessensreduktion auf Null vorliegt
- bei Beurteilungsspielräumen (vgl. KK 28)

Vornahmeurteil, § 113 V S. 1 VwGO

Bei **Spruchreife**:

- grds. bei gebundenen Entscheidungen (Ausn. möglich!)
- bei Ermessensentscheidungen, wenn ein Fall der Ermessensreduktion auf Null vorliegt (vgl. KK 30)

Maßgeblicher Zeitpunkt

Grds.: Sach- und Rechtslage zur Zeit der letzten mündl. Verhandlung

Ausnahmen möglich, z.B. bei Ansprüchen auf dauernde Leistungen; bei Zeitabschnittsgesetzen; bei VAen mit Doppelwirkung (vgl. Skript VerwR II, Rn. 83 ff.)

Welche Rechtsfolgen kann das Gericht bei der Begründetheit der Verpflichtungsklage aussprechen?
Auf welchen Zeitpunkt ist bei der Entscheidung des Gerichts über die Verpflichtungsklage abzustellen?

Begründetheitsprüfung bei der Verpflichtungsklage ⇨ § 113 V VwGO

I. Passivlegitimation (§ 78 I Nr. 1 VwGO) ⇨ **str.!** (s.o. KK 18)

II. Festlegung der Anspruchsgrundlage (z.B. § 38 VwVfG, § 4 GastG)

III. Formelle Voraussetzungen ⇨ Antrag bei der zuständigen Behörde, die im richtigen Verfahren entscheidet (je nach Anspruchsgrundlage!)

IV. Materielle Voraussetzungen ⇨ je nach konkreter Anspruchsgrundlage (z.B. Genehmigungsbedürftigkeit und -fähigkeit bei der Baugenehmigung)

V. Rechtsfolgen:
1) Gebundener VA ⇨ Vornahmeurteil, § 113 V S. 1 VwGO
2) ErmessensVA
   a) wenn Ermessensfehler **(-)** ⇨ Klage unbegründet
   b) wenn Ermessensfehler **(+)** ⇨ Bescheidungsurteil, § 113 V S. 2 VwGO
   c) Ermessensreduktion auf Null ⇨ Vornahmeurteil, § 113 V S. 1 VwGO

Nach welchem Schema ist i.R.d. Begründetheitsprüfung der Verpflichtungsklage vorzugehen?

Klagebefugnis i.S.d. § 42 II VwGO

(+), wenn der Kläger eine Rechtsverletzung geltend machen kann ⇨ bei der Verpflichtungsklage setzt dies voraus, dass dem Kläger möglicherweise ein **Anspruch** auf den begehrten VA zusteht

1) Einfachgesetzl. Vorschriften

- (Möglicher) Anspruch ⇨ aus einfachgesetzl. Vorschriften (**Bsp.:** § 4 I GastG)
- bei Geltendmachung eines Anspruchs auf Einschreiten ggü. Dritten ⇨ Drittschutz der Norm muss gesondert begründet werden!

2) Grundrechte

Originärer Anspruch aus Freiheitsrechten grds. **(-)**, da grds. nur Abwehrrechte, aber derivativer Anspruch aus Gleichheitsrechten mgl.

3) Ermessensnormen

- Anspruch auf fehlerfreie Ausübung des Ermessens reicht iR. der Klagebefugnis aus!
- **aber**: die Ermessensnorm muss (zumindest auch) ein subjektives Recht gewähren!

Wann ist bei der Verpflichtungsklage die Klagebefugnis gem. § 42 II VwGO zu bejahen?

Offensive Konkurrentenklage

- Problem bei bloßer Anfechtung der Drittbegünstigung ⇨ dadurch erhält der Kläger noch nicht die begehrte Begünstigung
- Problem bei bloßer Verpflichtungsklage ⇨ „kein Platz mehr" für eigene Begünstigung

⇨ **BVerwG:** Grds. kombinierte Anfechtungs- und Verpflichtungsklage erforderlich (Ausnahmen möglich; im Einzelnen str.!)

Beamtenrechtl. Konkurrentenklage

Nach Ernennung des Konkurrenten:

- Anfechtungsklage scheidet wg. des Grds. der Ämterstabilität aus bzw. nur eingeschränkt möglich
- Verpflichtungsklage scheitert, weil kein freier Posten mehr zur Verfügung steht

⇨ **Lösung:** der Mitbewerber muss **vor** der Ernennung hiergegen gem. § 123 VwGO und gleichzeitig mit Widerspruch und Anfechtungsklage gg. die Mitteilung (VA!) über die bevorstehende Ernennung vorgehen

Welches Problem stellt sich i.R.d. offensiven Konkurrentenklage?
Was ist i.R.d. Zulässigkeit bei der beamtenrechtlichen Konkurrentenklage zu beachten?

Statthaftigkeit der Verpflichtungsklage → **(+)**, wenn die Klage auf den Erlass eines **VA** (s.o., KK 4 f.) gerichtet ist, § 42 I Alt. 2 VwGO, und die Klage **nicht erledigt** ist (§ 113 I S. 4 VwGO; s.u.)

1) Auskünfte → Grds. fehlt es bei einer behördl. Auskunft an einer **Regelung** i.S.d. § 35 VwVfG ⇨ Ausn. gem. BVerwG: Auskünfte der Ämter für VerfSchutz

2) Mehrstufige VAe → **Bsp.:** Einvernehmen der Gemeinde gem. § 36 I BauGB ⇨ ggü. Bürger Außenwirkung **(-)**!

3) Aufsichtl. Maßnahmen → Vgl. KK 7: Außenwirkung bei rechtsaufsichtl. Maßnahmen **(+)**; bei fachaufsichtl. Maßnahmen **(-)**

4) Nebenbestimmungen → Vgl. KK 37: bei mod. Auflagen/Gewährungen ist nur die Verpflichtungsklage statthaft

Wann ist die Verpflichtungsklage statthaft?
Welche Probleme stellen sich hier typischerweise?

1. Aufdrängende Sonderzuweisung?

2. Generalzuweisung gem. § 40 I VwGO

a) Öffentl.-rechtl. Streitigkeit	(+), wenn die streitentscheidende Norm öff.-rechtl. Natur ist ⇨ 1. Festlegung des Streitgegenstands; 2. Festlegung der streitentscheidenden Norm; 3. Qualifikation der Rechtsnatur der streitentscheidenden Norm
	⇨ wichtig bei der Verpflichtungsklage v.a.: • Subventionsfälle; • Zulassung zu öff. Einrichtungen
b) Nichtverfassungsrechtl. Art	Wie bei der Anfechtungsklage (s.o., KK 3)
c) Abdrängende Sonderzuweisung?	Wie bei der Anfechtungsklage (s.o., KK 3); hier v.a.: § 49 VI S. 3 VwVfG, § 40 II VwGO

Unter welchen Voraussetzungen ist bei der Verpflichtungsklage der Verwaltungsrechtsweg eröffnet?

(1) Sachentscheidungskompetenz des Gerichts: Verwaltungsrechtsweg und Zuständigkeit, §§ 40, 45, 52 VwGO

(2) Zulässigkeitsvoraussetzungen der Verpflichtungsklage i.e.S.

(a) Statthaftigkeit der Klage, § 42 I Alt. 2 VwGO ⇨ Begehren eines VA?

(b) Klagebefugnis, § 42 II VwGO ⇨ Möglichkeit eines Anspruchs?

(c) Ordnungsgemäßes Vorverfahren, § 68 II, I VwGO (vgl. KK 10 ff.)

(d) Klagefrist, § 74 II, I VwGO (vgl. KK 15)

(e) **Sonstiges** (vgl. KK 16 ff.): Beteiligten-/Prozessfähigkeit (§§ 61 f. VwGO); Ordnungsgemäße Klageerhebung (§§ 81 I, 82 I S. 1 VwGO); Rechtsschutzbedürfnis (Vorrang der Anfechtungsklage!)

Nach welchem Schema sollte man bei der Prüfung der Zulässigkeit einer Verpflichtungsklage vorgehen?

Problemkreise bei der rip.:

1) Grds. Zulässigkeit	**h.M.:** rip. = nicht grds. als solche unzulässig; zu den Arg. vgl. Skript VerwR I, Rn. 513 ff.
2) Formelle RMK	a) **Zuständigkeit** der Widerspruchsbehörde zur rip.: • bei Identität von Erlass- und Widerspruchsbehörde, §§ 48, 49 VwVfG; • Selbsteintrittsrecht, wenn ausdrückl. geregelt; • ansonsten: Zuständigkeit als Fachaufsichtsbehörde bzw. §§ 73, 68 VwGO (Devolutiveffekt) b) **Anhörung:** besondere Verfahrensnorm in § 71 VwGO
3) Materielle RMK	a) **Rechtsgrundlage**: vergleichende Anwendung der §§ 48, 49 VwVfG für Vertrauensschutz **(Rspr.)** und materielles Recht b) **Vertrauensschutz**: i.d.R. **(-)**, da der Widerspruchsführer durch die Widerspruchseinlegung selbst die Ursache für die Unbeständigkeit des VA gesetzt hat

Kann die Widerspruchsbehörde im Widerspruchsverfahren die Entscheidung der Erstbehörde zu Ungunsten des Widerspruchsführers abändern (reformatio in peius)?
Unter welchen Voraussetzungen ist die r.i.p. rechtmäßig?

§ 49a VwVfG

§ 49a I VwVfG regelt grds. den Erstattungsanspruch des Staates gg. den Bürger im Fall der Rücknahme bzw. des Widerrufs (⇨ Sonderfall des öff.-rechtl. Erstattungsanspruchs)

Problematisch: gilt § 49a VwVfG auch für den Fall des Anspruchs Bürger gg. Staat, oder gilt hierfür nur der allg. öff.-rechtl. Erstattungsanspruch?

§ 50 VwVfG

§ 50 VwVfG erleichert der Behörde die Voraussetzungen für die Aufhebungen eines VA gem. §§ 48, 49 VwVfG

Wichtigste Voraussetzung: Anfechtung des aufgehobenen VA durch einen Dritten ⇨ **Problem:** muss der Rechtsbehelf des Dritten zulässig bzw. auch begründet sein?

- **h.M.:** Zulässigkeit erforderlich
- **a.A.:** der Rechtsbehelf darf nicht offensichtlich unbegründet sein!

Welche Bedeutung haben § 49a VwVfG und § 50 VwVfG?

Widerruf

§ 49 I VwVfG: Belastende VAe sind grds. frei widerruflich (aber: Ermessen!)

§ 49 II, III VwVfG: Der Widerruf begünstigender VAe unterliegt Beschränkungen:

Grundfall gem. § 49 II VwVfG:
Begünstigende VAe

§ 49 II VwVfG regelt alternative Voraussetzungen, unter welchen ein begünstigender VA widerrufen werden kann

Sonderfall gem. § 49 III VwVfG:
Leistungsbescheide

§ 49 III VwVfG regelt besondere Voraussetzungen, unter welchen Leistungsbescheide rückwirkend widerrufen werden können

Die Ausschlussfrist des **§ 48 IV VwVfG** gilt gem. § 49 II S. 2, III S. 2 VwVfG entsprechend

Welche Systematik beherrscht den Widerruf i.S.d. § 49 VwVfG?

Sonderfälle – Rücknahme und Widerruf

Rücknahme

§ 48 I S. 1 VwVfG: Belastende VAe sind grds. frei zurücknehmbar (aber: Ermessen!)

§ 48 I S. 2 VwVfG: Begünstigende VAe unterliegen den Beschränkungen des § 48 II - IV VwVfG (u.: Ermessen!)

§ 48 II VwVfG: (v.a. Geld-) Leistungsbescheide

- Keine Rücknahme bei schützwürdigem Vertrauen:
- Vertrauen auf Bestand? (v.a. § 48 II S. 1 u. 3 Nr. 1 bis 3 VwVfG)
- Vertrauen schutzwürdig? (v.a. § 48 II S. 1 u. 2 VwVfG ⇨ Europarecht beachten!)

§ 48 III VwVfG: Sonstige begünstigende Bescheide

- auch bei schutzwürdigem Vertrauen grds. rücknehmbar
- aber: Vertrauensschutz durch Entschädigung oder i.R.d. Ermessens

§ 48 IV VwVfG: Ausschlussfrist ⇨ **Problemkreise**:

- Begriff der „Tatsache“;
- Zeitpunkt des Fristbeginns;
- Begriff der „Behörde“

Welcher Systematik unterliegt die Rücknahme i.S.d. § 48 VwVfG?

Aufhebung eines VA

1. Spezialvorschriften, z.B. § 15 GastG, § 21 BImSchG

2. Auffangnormen: §§ 48, 49 (Bundes-,Landes-)VwVfG

§ 48 VwVfG ⇨ Aufhebung eines rechtswidrigen VA (= Rücknahme)

⇔

§ 49 VwVfG ⇨ Aufhebung eines rechtmäßigen VA (= Widerruf)

RMK/RWK = TB-Merkmal der jeweiligen Rechtsgrundlage
⇨ **Problem:** Zeitpunkt zur Beurteilung der RMK/RWK?

Grds.: Zeitpunkt des Erlasses des VA

Ausnahme: bei VAen mit Dauerwirkung ⇨ Zeitpunkt des Eintritts der Rechtswidrigkeit

Auf welche Normen kann die Verwaltung die Aufhebung eines VA stützen?

Rechtsschutz gegen eine echte Nebenbestimmung

Nebenbestimmungen i.S.d. § 36 II VwVfG

Heute **h.M.:** sämtliche echten Nebenbestimmungen i.S.d. § 36 II VwVfG können grds. isoliert mit der Anfechtungsklage angegriffen werden (**Ausn.:** wenn der RestVA rechtswidrig wäre ⇨ Verpflichtungsklage statthaft!)

I.R. der Begründetheit der Anfechtungsklage muss zusätzl. zu den Voraussetzungen des § 36 VwVfG geprüft werden, ob der RestVA (ohne Nebenbestimmung) rechtmäßig bleibt

Mod. Auflage

Kann nicht isoliert mit der Anfechtungsklage angegriffen werden ⇨ Verpflichtungsklage statthaft (so i.Ü. auch im Fall der modifizierten Gewährung!)

Wie kann Rechtsschutz gegen eine Nebenbestimmung erlangt werden? Was ist hier i.R.d. Begründetheitsprüfung zu beachten?

Sonderfälle – Nebenbestimmungen

Modifizierte Gewährung

Der beantragte VA wird so abgeändert, dass er im Ergebnis abgelehnt wird (⇨ **aliud**)

Keine echte Nebenbestimmung!

Modifizierende Auflage

Der beantragte VA wird so abgeändert, dass er im Ergebnis abgelehnt wird (⇨ aliud) und wird gleichzeitig von einem **Anordnungselement** so überlagert, dass die Modifizierung selbstständig vollstreckbar wird

⇨ Unterschied zur normalen Auflage: bei der mod. Auflage lässt sich nicht zw. Auflage und HauptVA trennen

Die modifizierende Auflage wird von der Rspr. als echte **Nebenbestimmung** anerkannt

Was sind modifizierende Auflage und modifizierte Gewährung?
Handelt es sich hierbei um Nebenbestimmungen?

Sonderfälle – Nebenbestimmungen

Neben-bestimmung → = eine vom HauptVA unterscheidbare, aber auf diesen bezogene Regelung

Befristung, § 36 II Nr. 1 VwVfG	Die Begünstigung/Belastung beginnt und/oder endet zu einem bestimmten Zeitpunkt
Bedingung, § 36 II Nr. 2 VwVfG	Die Begünstigung/Belastung hängt von dem ungewissen Eintritt eines zuk. Ereignisses ab
Widerrufsvorbehalt, § 36 II Nr. 3 VwVfG	Eröffnet die Möglichkeit, den VA gem. § 49 II Nr. 1 VwVfG zu widerrufen
Auflage, § 36 II Nr. 4 VwVfG	Anordnung eines Tuns, Duldens oder Unterlassens (⇨ selbstständig vollstreckbarer VA!)
Auflagenvorbehalt, § 36 II Nr. 5 VwVfG	Vorbehalt der nachträgl. Aufnahme, Änderung oder Ergänzung einer Auflage

Was ist eine Nebenbestimmung?
Welche Arten von Nebenbestimmungen gibt es?

Begründetheit der Anfechtungsklage

Rechtsverletzung

Wenn der Kläger **Adressat** des angegriffenen VA ist:

Rechtsverletzung grds. **(+)**, wenn der angegriffene VA unheilbar rechtswidrig ist

Ausnahmsweise **(-)** in den Fällen des § 46 VwVfG

Wenn der Kläger **nicht Adressat** des angegriffenen VA, sondern Dritter ist:

Rechtsverletzung nur dann **(+)**, wenn die objektiv verletzte Rechtsnorm eine Schutznorm zugunsten des Klägers ist:

1) Die Norm muss an sich Drittschutz entfalten können

2) Der Kläger muss sachlich und persönlich in den Schutzbereich der Norm fallen

Wann ist eine Rechtsverletzung des Klägers zu bejahen?

Nachschieben von Gründen möglich?

Wenn der Zeitpunkt der letzten mündlichen Verhandlung entscheidungserheblich ist (s.o.) ⇨ unproblematisch möglich

Wenn nicht der Zeitpunkt der letzten mündlichen Verhandlung entscheidungserheblich ist (s.o.) ⇨ **str.!**

Wegen Verfahrensökonomie grds. auch bzgl. Ermessenserwägungen möglich, vgl. § 114 S. 2 VwGO! §114 S. 2 VwGO betrifft aber nur prozessualen Folgen: Bei bloßem Ergänzen der Gründe im Prozess zu berücksichtigen!
Problematisch bei **Fehlen** von Gründen oder **Auswechseln**: dann möglicherweise konkludenter Neuerlass des VA.

Kann die Behörde in der mündlichen Verhandlung Gründe nachschieben, die zur Zeit der letzten Behördenentscheidung schon vorlagen, auf die sie aber den VA ursprünglich nicht gestützt hatte?

Zeitpunkt der Prüfung der RMK

Grds.

h.M.: Der maßgebliche Zeitpunkt für die Beurteilung der RMK eines angegriffenen VA ist derjenige der letzten Behördenentscheidung ⇨ die zu diesem Zeitpunkt bestehende Sach- und Rechtslage ist entscheidend

Ausnahmen

- noch nicht vollzogene VAe
- Baugenehmigungen bei Veränderungen zum Vorteil des Bauherrn
- Dauer-Vae ⇨ hier ist auf die Sach- und Rechtslage der letzten mündlichen Verhandlung abzustellen

Auf welchen Zeitpunkt muss bei der Prüfung der Rechtmäßigkeit eines VA abgestellt werden?

Planungsentscheidung:

I. „Plan“ = keine eigenständige Rechtsform! ⇨ **z.B.**: ein Planfeststellungsbeschluss ist ein VA (§§ 74 I S. 2, 69 II S. 1 VwVfG), ein Bebauungsplan ist eine Satzung (§ 10 I BauGB)

II. **Formelle Rechtmäßigkeit** ⇨ Besondere Vorschriften beachten, z.B. §§ 72 ff. VwVfG, §§ 2 ff. BauGB

III. **Materielle Rechtmäßigkeit**

1) Planrechtfertigung (z.B. § 1 III BauGB)
2) Planungsleitsätze (z.B. §§ 1 IV, 8 II S. 1 BauGB, § 1 III FStrG)
3) Planungsabwägung (wichtig hier v.a. § 1 VII BauGB!) ⇨ nur eingeschränkt, d.h. auf sog. **Abwägungsfehler** überprüfbar (bei BBPL allerdings Abgrenzung zu § 2 III BauGB streitig):

- Abwägungsausfall ⇨ tats. hat keine Abwägung stattgefunden
- Abwägungsdefizit ⇨ zu beachtender Belang wurde nicht berücksichtigt
- Abwägungsfehleinschätzung ⇨ Verkennung der Bedeutung eines Belangs
- Abwägungsdisproportionalität ⇨ Belange stehen zueinander außer Verhältnis

Welche Umstände sind bei der Überprüfung der Rechtmäßigkeit einer Planungsentscheidung zu beachten?

In den Fällen, in denen das Ermessen auf Null reduziert ist, wird aus der Ermessensentscheidung einer **gebundene Entscheidung**

1) Es bestehen ausschließlich Umstände, die für die Entscheidung sprechen bzw. jede andere Entscheidung wäre rechtswidrig

2) Gegengründe sind unverhältnismäßig geringwertig

3) Fälle der Selbstbindung der Verwaltung:

- durch Zusicherung, § 38 I VwVfG
- durch längere gleichmäßige Verwaltungsübung (⇨ Art. 3 I GG), die oft durch Verwaltungsvorschriften vorgegeben ist

4) Vertrauensschutzerwägungen (***Bsp.:*** *KettenVAe*)

In welchen Fällen ist das Ermessen auf Null reduziert?

Begründetheit der Anfechtungsklage

§ 114 S. 1 VwGO →

- Das Gericht darf nicht eigene **Zweckmäßigkeit**serwägungen anstellen
- Allerdings prüft das Gericht die **Rechtmäßigkeit** der Ermessensausübung

Äußere Ermessensfehler, § 114 S. 1 Alt. 1 VwGO

= Überschreiten der äußeren Grenzen des Ermessens ⇨ beziehen sich auf das Ergebnis der Entscheidung und sind hieraus erkennbar

Bereits durch Vergleich zwischen Rechtsfolge im Gesetz und Tenor des VA feststellbar!

Innere Ermessensfehler, § 114 S. 1 Alt. 2 VwGO

= Widerspruch gg. Zweck der Ermächtigung zur Ermessensausübung ⇨ bezieht sich auf die Art und Weise der Ermessensausübung

- Ermessensnichtgebrauch
- Heranziehungsdefizit/-überhang
- Abwägungsdisproportionalität

Kann das Gericht die Ausübung des Ermessens durch die Verwaltung überprüfen?

Grds. kann das Gericht die Anwendung unbestimmter Rechtsbegriffe durch die Verwaltung vollständig nachprüfen

In folgenden **Ausnahmefällen** hat die Verwaltung allerdings grds. einen Beurteilungsspielraum:

- Prüfungsentscheidungen
- Prognoseentscheidungen
- Entscheidungen von Sachverständigengremien

Allerdings sind diese Entscheidungen auf sog. **Beurteilungsfehler** überprüfbar:

- Verstoß gg. zwingende Verfahrensvorschriften?
- Fehlen jeder Begründung?
- unzutreffende/unvollständige Sachverhaltsermittlung?
- Verletzung allg. anerkannter Bewertungsgrundsätze?
- sachfremde Erwägungen oder willkürliches Handeln?

Kann das Gericht prüfen, ob die Verwaltung einen unbestimmten Rechtsbegriff korrekt ausgelegt und angewendet hat?

Begründetheit der Anfechtungsklage

Verfahren

- §§ 20, 21 VwVfG ⇨ ausgeschlossene Personen und Befangenheit
- § 28 VwVfG ⇨ Anhörung erforderlich! **Beachten:** Bei Fehlen ist eine Heilung gem. § 45 I Nr. 3 VwVfG bis zum nach § 45 II VwVfG relevanten Zeitpunkt noch möglich!

Form

- Grds. § 37 II VwVfG ⇨ keine besondere Form erforderlich
- § 39 I VwVfG ⇨ ein schriftl. VA muss begründet werden (Beachten: Heilung gem. § 45 I Nr. 2, II VwVfG möglich!)
- Ordnungsgemäße Bekanntgabe gem. § 41 VwVfG? ⇨ *i.d.R.* bereits bei Frist geprüft
- Bestimmtheitsgebot gem. § 37 I VwVfG = grds. materielles Erfordernis

Welche Verfahrensvorschriften sind i.R.d. formellen Rechtmäßigkeit des VA zu prüfen?
Welche Formvorschriften können bei der formellen Rechtmäßigkeit des VA entscheidend sein?

Zuständigkeit

Sachliche Zuständigkeit

- Verbandskompetenz (⇨ welcher **Rechtsträger** ist zuständig?)
- Organkompetenz (⇨ welches **Organ** des Rechtsträgers ist zuständig?)

⇨ ergibt sich aus dem jeweils maßgeblichen Organisationsrecht

Bei Verstoß:
- VA = rechtswidrig
- ggf.: Nichtigkeit gem. § 44 VwVfG
- § 46 VwVfG **nicht** anwendbar!

Örtliche Zuständigkeit

§ 3 VwVfG, sofern keine spezielle Norm besteht

Bei Verstoß:
- VA = rechtswidrig, aber gem. § 46 VwVfG grds. unbeachtlich
- Nichtigkeit im Fall des § 44 II Nr. 3 VwVfG

Wie wird die Zuständigkeit der den VA erlassenden Behörde geprüft?

Der VA ist die originäre Handlungsform der Verwaltung (vgl. § 9 VwVfG) ⇨ **Grds.** steckt daher in jeder Rechtsgrundlage auch die **VA-Befugnis** der Verwaltung

⇩

Ausnahmsweise kann die Befugnis, durch VA zu handeln, fehlen:

- **1.** Ansprüche aus einem öff.-rechtl. Vertrag i.S.d. §§ 54 ff. VwVfG können grds. nicht durch VA durchgesetzt werden (⇨ Verhältnis der Gleichordnung zw. Bürger und Verwaltung)
- **2.** i.R.v. rein privatrechtl. Beziehungen zw. Bürger und Verwaltung (z.B. Ansprüche aus fiskalischen Hilfsgeschäften)
- **3.** Ausnahmsweise auch Ansprüche i.R. eines öff.-rechtl. Gleichordnungsverhältnisses

Unter welchen Voraussetzungen ist die Verwaltung (nicht) befugt, durch VA zu handeln?

Begründetheit der Anfechtungsklage

Das Erfordernis einer Rechtsgrundlage beruht auf dem **Grundsatz der Gesetzmäßigkeit der Verwaltung**, Art. 20 III GG

Vorrang des Gesetzes
(⇨ Kein Handeln gegen das Gesetz)

- Gilt uneingeschränkt i.R. der **Eingriffsverw.**
- Gilt auch iR. des **Verw.privatrechts**
- bei fiskalischem Handeln, § 134 BGB

⇔

Vorbehalt des Gesetzes = Erfordernis einer Rechtsgrundlage
(⇨ Kein Handeln ohne das Gesetz)

- Gilt uneingeschränkt i.R. der **Eingriffsverw.**
- i.R. der **Leistungsverw.** (zB. Subventionen): gilt nach h.M. grds. nur eingeschränkt, es sei denn, die Leistung stellt eine für das Gemeinwesen wesentl. Entscheidung dar (**Wesentlichkeitstheorie des BVerfG**)
- i.R. von **Sonderstatusverhältnissen**: gilt zumindest dann, wenn eine Entscheidung über die reine Organisation der Anstalt hinausgeht

Warum braucht die Verwaltung für ihr Handeln grds. eine Rechtsgrundlage?

Begründetheitsprüfung bei der Anfechtungsklage ⇨ § 113 I S. 1 VwGO

I. Passivlegitimation (§ 78 I Nr. 1 VwGO) (je nach Bundesland, s.o. KK 18)

II. Festlegung der Rechtsgrundlage

III. Formelle Rechtmäßigkeit

- Zuständigkeit
- Verfahren
- Form

IV. Materielle Rechtmäßigkeit

- ggf. Wirksamkeit der Rechtsgrundlage
- Subsumtion unter die Rechtsgrundlage
- ggf. Ermessensfehler, § 114 S. 1 VwGO

V. Rechtsverletzung des Klägers

Nach welchem Schema ist i.R.d. Begründetheitsprüfung der Anfechtungsklage vorzugehen?

Beiladung

Einfache Beiladung ⇔ **Notwendige Beiladung**

§ 65 I VwGO: Die **einfache Beiladung** erfolgt nach Ermessen des Gerichts, wenn rechtl. Interessen des Dritten durch die gerichtl. Entscheidung berührt werden können

§ 65 II VwGO: Das Gericht ist zur **notwendigen Beiladung** verpflichtet, wenn die gerichtl. Entscheidung auch dem Dritten ggü. nur einheitlich ergehen kann

Rechtsfolgen der Beiladung

- ⇨ **§§ 121 Nr. 1, 63 Nr. 3 VwGO:** Erstreckung der Rechtskraft
- ⇨ **§ 66 VwGO:** Der Beigeladene kann eigene Anträge, der notwendig Beigeladene kann auch abweichende Sachanträge stellen
- ⇨ **§§ 154 III, 162 III VwGO:** Kostentragungspflicht/Kostenerstattungsanspruch bei eigenen Anträgen

Was bedeutet die Beiladung im Verwaltungsprozess?
Welche Rechtsfolgen zeitigt die Beiladung?

Objektive Klagehäufung

Die Klage umfasst mehrere objektive Streitgegenstände

Voraussetzungen gem. § 44 VwGO:
- Derselbe Klagegegner für jeden Streitgegenstand;
- Zusammenhang zw. den Streitgegenständen (v.a. einheitl. Lebenssachverhalt),
- Zuständigkeit desselben Gerichts

Streitgenossenschaft

Auf einer Beteiligtenseite treten mehrere Personen auf

Nach § 64 VwGO gelten die §§ 59 ff. ZPO entsprechend ⇨ Mindestvoraussetzung nach **§ 64 VwGO i.V.m. § 60 ZPO:** Gleichartige Ansprüche bzw. Verpflichtungen, die auf einem im Wesentlichen gleichartigen Grund beruhen

---

Wenn Voraussetzungen **(+)** ⇨
Entscheidung über die Klagen in einem Verfahren, andernfalls Trennung, § 93 VWGO

Was bedeuten die folgenden rechtlichen Institute:

a) objektive Klagehäufung

b) Streitgenossenschaft?

Zulässigkeit der Anfechtungsklage

Rechtsschutz-bedürfnis

- Grds. **(+)**
- Ausnahmsweise **(-)**, wenn der Kläger kein schutzwürdiges Interesse verfolgt

Beispiel:

- (-), wenn der Kläger sein Rechtsschutzziel effektiver, insbes. schneller oder einfacher erreichen kann
- (-), wenn der angestrebte Rechtsschutz für den Kläger nur theoretische Bedeutung hat, also keine rechtl. oder tatsächl. Vorteile bringen kann
- (-), wenn der Kläger missbilligenswerte Ziele verfolgt, z.B. querulatorisches oder schikanöses Verhalten

Wann fehlt das Rechtsschutzbedürfnis?

Zulässigkeit der Anfechtungsklage

Zuständigkeit

Sachl. Zuständigkeit:
Grds. das VG, § 45 VwGO ⇨ auch bei d. Anfechtungsklage; **beachte:**
- im Fall der Normenkontrolle OVG/VGH, § 47 I VwGO;
- *Sonderregelungen*: §§ 48 bis 50 VwGO und §§ 80 V S. 1, 123 II S. 1 VwGO!

Örtl. Zuständigkeit:
- § 52 VwGO; Prüfungsreihenfolge beachten: **Nr. 1** ⇨ **Nr. 4** ⇨ **Nr. 2** ⇨ **Nr. 3** ⇨ **Nr. 5**
- bei Anfechtungsklage i.d.R. **Nr. 3**!

Im VerwR ist keine **Prorogation** (vgl. § 38 ZPO) bzw. keine Zuständigkeit durch **rügelose Einlassung** (vgl. § 39 S. 1 ZPO) möglich!

§ 83 VwGO i.V.m. § 17 II GVG ⇨ Bei Unzuständigkeit des befassten Gerichts erfolgt **v.A.w.** die Verweisung an das zuständige Gericht durch bindenden Beschluss

Welches Gericht ist zuständig für die Entscheidung? Ist Prorogation bzw. eine Zuständigkeit kraft rügeloser Einlassung möglich?

Welche Rechtsfolgen sind bei Unzuständigkeit des angerufenen Gerichts geregelt?

§ 78 I Nr. 1 VwGO

Grds.: Die Klage ist gg. die Körperschaft zu richten, deren Behörde den VA erlassen hat (⇨ sog. **Rechtsträgerprinzip**)

- **e.A.:** § 78 I Nr. 1 VwGO regelt die i.R. der Zulässigkeit zu prüfende **passive Prozessführungsbefugnis**
- **a.A.:** § 78 I Nr. 1 VwGO regelt die i.R.d. Begründetheit zu prüfende **Passivlegitimation**

Problematisch hier: Fälle der **Organleihe**!

§ 78 I Nr. 2 VwGO

Ausn. 1: Klage gg. eine Behörde möglich, sofern landesrechtl. geregelt

§ 78 II VwGO

Ausn. 2: Klage gg. den Rechtsträger der Widerspruchsbehörde bei isolierter Anfechtung d. Widerspruchsbescheids (§ 78 II [i.V.m. § 79 II S. 3] VwGO)

Welche Bedeutung haben § 78 I Nr. 1 und Nr. 2 VwGO und § 78 II VwGO i.R.d. Zulässigkeit der Klage?

Zulässigkeit der Anfechtungsklage

Beteiligtenfähigkeit

= Fähigkeit, als Subjekt eines Prozessrechtsverhältnisses (zB. Kläger) an einem verwaltungsgerichtl. Verfahren teilnehmen zu können

- **§ 61 Nr. 1 VwGO**: nat./jur. Personen; auch: gleichgestellte Vereinigungen, zB. OHG/KG, §§ 124 II, 161 II HGB
- **§ 61 Nr. 2 VwGO**: nicht rechtsfähige Vereinigungen, sofern ihnen konkrete Rechte zustehen können (z.B. Organ des Gemeinderats)
- **§ 61 Nr. 3 VwGO** i.V.m. Landesrecht: Behörden

Prozessfähigkeit

= Fähigkeit, selbst bzw. durch einen Bevollmächtigten Prozesshandlungen vorzunehmen

- **§ 62 I VwGO**: die nach BGB (beschränkt) Geschäftsfähigen
- **§ 62 III VwGO**: (prozessunfähige) Vereinigungen/Behörden ⇨ Vertretung grds. durch gesetzl. Vertreter
- **Prozessunfähige nat. Personen**: Vertretung grds. durch gesetzl. Vertreter

Wann ist Beteiligtenfähigkeit bzw. Prozessfähigkeit zu bejahen?

Klageerhebung gem. §§ 81, 82 VwGO

- **Schriftform**, § 81 I S. 1 VwGO [**(+)** bei Fax, auch PC-Fax, vgl. § 130 Nr. 6 ZPO, **(-)** bei Telefonat]; erf. ist grds. eine eigenhändige Unterschrift ⇨ nur dann entbehrlich, wenn sich die Urheberschaft aus and. Umständen ergibt

- Klageerhebung zur **Niederschrift** durch den Urkundsbeamten, § 81 I S. 2 VwGO (nur vor dem VG möglich!)

Inhalt

- **§ 82 I S. 1 VwGO** ⇨ für die Zulässigkeit der Klage zwingende Angaben: Bezeichnung von Kläger, Beklagtem (§ 78 I Nr. 1 HS 2 VwGO!) und Gegenstand des Klagebegehrens (≠ Klageantrag, vgl. § 82 I S. 2 VwGO!)

- **§ 82 I S. 2 u. 3 VwGO** ⇨ fakultative Angaben: bestimmter Antrag, Begründung und Beweismittel

Welche Anforderungen sind an eine ordnungsgemäße Klageerhebung zu stellen?

Klagefrist gem. § 74 I VwGO

Form

§ 74 I S. 1 VwGO ⇨ Erhebung der Klage binnen eines Monats nach ordnungsgemäßer Zustellung des Widerspruchsbescheids

Zustellung des Widerspruchsbescheids ⇨ richtet sich nach § 73 III S. 2 VwGO i.V.m. VwZG

§ 74 I S. 2 VwGO ⇨ Erhebung der Klage binnen eines Monats nach Bekanntgabe des angegriffenen VA

Bekanntgabe des VA ⇨ richtet sich nach § 41 Landes-/Bundes-VwVfG

- Fristberechnung ⇨ grds. nach § 57 II VwGO i.V.m. § 222 ZPO i.V.m. §§ 187 ff. BGB
- fehlerhafte Rechtsbehelfsbelehrung ⇨ Ein-Jahres-Frist (§ 58 II VwGO)
- fehlerhafte Zustellung d. Widerspruchsbescheids bzw. Bekanntgabe d. VA ⇨ grds. gar kein Fristlauf; aber: Verwirkung möglich!

Welche Voraussetzungen werden an die Einhaltung der Klagefrist gestellt?

Zulässigkeit der Anfechtungsklage

Heilung durch Sachentscheidung?

Darf die Widerspruchsbehörde trotz Verfristung des Widerspruchs in der Sache entscheiden, so dass trotz Verfristung des Widerspruchs die Anfechtungsklage zulässig ist?

Rspr.: (+), Sachentscheidung möglich; **arg.:** Widerspruchsbehörde = Herrin des Vorverfahrens; § 70 I VwGO diene gerade dem Schutz der Verwaltung, diese müsse auf diesen Schutz auch verzichten können

h.M. in der Lit.: (-), Sachentscheidung nicht zulässig; **arg.:** § 70 I VwGO schütze nicht nur die Verwaltung, sondern auch die Gerichte

Ganz h.M.: Eine Sachentscheidung durch die Widerspruchsbehörde ist jedenfalls dann unzulässig, wenn der angegriffene VA auch Rechte Dritter schützen soll (⇨ v.a. bei VAen mit Doppelwirkung)

In welchem Fall ist die Anfechtungsklage zulässig, obwohl der Widerspruch nach Ablauf der Frist aus § 70 I VwGO eingelegt worden ist?

Widerspruchsfrist ⇨ § 70 VwGO: Einlegung binnen eines Monats ab Bekanntgabe des angegriffenen VA (§§ 70 II, 60 VwGO beachten!)
⇨ Berechnung der Frist gem. § 57 II VwGO i.V.m. § 222 I ZPO i.V.m. §§ 187 ff. BGB **oder** gem. §§ 79, 31 I VwVfG i.V.m. §§ 187 ff. BGB

- wenn **Bekanntgabe** (§ 41 VwVfG) fehlerhaft
  ⇨ grds. kein Fristlauf

- wenn **förml. Zustellung** (vgl. § 41 V VwVfG) vorgeschrieben, aber fehlerhaft
  ⇨ grds. kein Fristlauf (**aber**: Heilungsmöglichkeit beachten! Vgl. § 9 VwZG)

- bei fehlender/ fehlerhafter **Rechtsbehelfsbelehrung**
  ⇨ §§ 70 II, 58 I, II VwGO: Es läuft eine Ein-Jahres-Frist

Achtung: Auch wenn grds. keine Frist bzw. eine Ein-Jahres-Frist läuft, ist eine **Verwirkung** des Widerspruchsrechts möglich!

Welche Voraussetzungen werden an die Einhaltung der Widerspruchsfrist gestellt?

Zulässigkeit der Anfechtungsklage

Form des Widerspruchs, **§ 70 VwGO**

Schriftlich

- schriftliche Abfassung
- eigenhändige Unterschrift

Zur Niederschrift

- schriftliche Aufnahme durch einen Amtsträger
- anschließende Unterzeichnung durch den Widerspruchsführer

Die Form gilt auch dann als eingehalten, wenn die obigen Voraussetzungen nicht erfüllt sind, aber aufgrund der Umstände eindeutig ist,

- dass der Widerspruchsführer der Urheber des Widerspruchs ist und
- der Widerspruch mit seinem Willen in den Rechtsverkehr gelangt ist

⇨ **Identitäts- und Abschlussfunktion der Förmlichkeit**

Welche Anforderungen sind an die Form des Widerspruchs zu stellen?

Ablauf des Widerspruchsverfahrens i.S.d. §§ 68 ff. VwGO

1. Erlass des VA durch die Ausgangsbehörde

2. Einlegung des Widerspruchs, § 69 VwGO

3. Abhilfeverfahren bei der Ausgangsbehörde, § 72 VwGO

4a. Abhilfe durch die Ausgangsbehörde

4b. Wenn Abhilfe **(-)** ⇨ Weitergabe an die Widerspruchsbehörde, § 73 I S. 1 VwGO

5. Prüfung durch die Widerspruchsbehörde

6. Erlass des Widerspruchsbescheids, § 73 I VwGO

Suspensiveffekt ⇨ aufschiebende Wirkung (§ 80 I S. 1 VwGO) + Hemmung der Bestandskraft des angegriffenen VA

Devolutiveffekt ⇨ durch die Abhilfeverweigerung der Ausgangsbehörde wird die nächsthöhere Behörde zuständig

Wie läuft ein Widerspruchsverfahren gem. §§ 68 ff. VwGO ab?

Zulässigkeit der Anfechtungsklage

Grds.:

§ 68 I S. 1 VwGO ⇨ Vor jeder Anfechtungsklage muss ein Widerspruchsverfahren ordnungsgemäß durchgeführt werden

Ausnahmen:

- § 68 I S. 2 Nr. 1 VwGO (beachte hierzu aber § 126 II BBG!)
- § 68 I S. 2 Nr. 2 VwGO ⇨ v.a.: erstmalige bzw. zusätzliche (Analogie!) Beschwer im Widerspruchsbescheid
- § 68 I S. 2 VwGO i.V.m. Sonderregeln, z.B. §§ 74 I S. 2, 70 VwVfG, § 75 S. 1 Alt. 1 VwGO, für Bayern Art. 15 II AGVwGO
- Ungeregelte Fälle der Entbehrlichkeit, z.B. Erledigung des VA während des Vorverfahrens (vgl. hierzu Skript VerwR I, Rn. 171 ff.)

Unter welchen Voraussetzungen muss für die Zulässigkeit der Anfechtungsklage ein Vorverfahren durchgeführt werden?

Klagebefugnis i.S.d. § 42 II VwGO

(+), wenn der Kläger geltend machen kann, durch den VA in seinen Rechten verletzt zu sein (⇨ Möglichkeit einer Rechtsverletzung)

1. Wenn Kläger = Adressat eines belastenden VA ⇨ immer (+) Art. 2 I GG

2. Wenn Kläger ≠ Adressat eines VA ⇨ Klagebefugnis nur dann (+), wenn VA Drittwirkung entfaltet, die möglicherweise verletzte Norm drittschützend ist (Auslegung) und der Kläger in deren persönl. und sachl. Schutzbereich fällt (v.a. im Baurecht)

3. Bei negativen Konkurrentenklagen ⇨ Klagebefugnis grds. (-), da Art. 2 I, 12, 14 GG grds. nicht vor Konkurrenz schützen wollen; Ausn. (+), bei so schweren Eingriffen in die Wettbewerbsverhältnisse, dass der Dritte (Kläger) in seiner Wettbewerbsfreiheit erheblich beeinträchtigt ist

4. **Problem** erkaufte Klagebefugnis (Alternativ: Lösung über RSB!)

Wann ist i.R.d. Zulässigkeit der Anfechtungsklage die Klagebefugnis zu bejahen?

Sonderfälle der Statthaftigkeit der Anfechtungsklage

Begehren: Wiedererhalten eines von der Verwaltung zurückgenommenen/widerrufenen begünstigenden VA	Anfechtungsklage gg. Rücknahme- bzw. WiderrufsVA statthaft (⇨ keine Verpflichtungsklage erforderlich), ursprünglicher VA lebt wieder auf
Begehren: Erlangen einer von der Verwaltung versagten Begünstigung	**Grds.** nur Verpflichtungsklage statthaft ⇨ **Ausnahmsweise** Anfechtungsklage statthaft (z.B. bei zwischenzeitl. Verlieren des Interesses am VA)
Begehren: Aufhebung einer erstmaligen/zusätzl. Beschwer i.R. eines Widerspruchsbescheids	Isolierte Anfechtungsklage gg. Widerspruchsbescheid statthaft (vgl. § 79 I Nr. 2, II VwGO) (str.)

In welchen Sonderfällen ist eine Anfechtungsklage statthaft?

Zulässigkeit der Anfechtungsklage

Außenwirkung i.S.d. § 35 VwVfG ⇒ Außenwirkung i.d.S. (+), wenn die angeordneten Rechtsfolgen unm. ggü. einer außerhalb der Verwaltung stehenden Person eintreten sollen

(-) bei:

- **h.M.:** Maßnahmen bzgl. des Betriebsverhältnisses bei Sonderstatusverhältnissen (z.B. Beamter; Schüler)
- **e.A.:** Fachaufsichtl. Maßnahmen
- Zustimmung einer Behörde bei zustimmungsbedürftigen VAen (**Bsp.:** § 9 II FStrG)
- Innerdienstl. Weisung; Verwaltungsvorschrift

(+) bei:

- **h.M.:** Maßnahmen bzgl. des Grundverhältnisses bei Sonderstatusverhältnissen
- **h.M.:** Rechtsaufsichtl. Maßnahmen

Wann ist Außenwirkung i.S.d. § 35 VwVfG zu bejahen?

Ein VA regelt immer einen Einzelfall und unterscheidet sich hierdurch von Rechtsnormen, d.h. abstrakt-generellen Regelungen (Verordnungen, Satzungen).

	Individuelle Regelung ⇨ zahlenmäßig feststehender Adressatenkreis	**Generelle Regelung** ⇨ noch unbestimmter Adressatenkreis
Konkrete Regelung ⇨ nach Ort, Zeit, Personen und sonst. Umständen bestimmter Fall	**VA** (z.B.: bauordnungsrechtliche Abrissverfügung)	**VA** in Form der **Allgemeinverfügung** (§ 35 S. 2 VwVfG); Bsp.: Parkverbot (h.M.)
Abstrakte Regelung ⇨ lediglich begriffliche Umschreibung einer Vielzahl von Fällen	Sonderfall des **VA** (vgl. Kühlturmfall)	**Rechtsnorm**, d.h. Verordnung oder Satzung

Wie äußert sich die Einzelfallbezogenheit eines VA i.S.d. § 35 VwVfG?

Zulässigkeit der Anfechtungsklage

Regelung i.S.d. § 35 VwVfG ⇒ = Maßnahme, die auf die Setzung einer Rechtsfolge gerichtet ist

(-) bei:	(+) bei:
• bloßer Realakt (zB. bloße Auskunft)	• konkludente Duldungsverfügung (z.B. Schlag eines Polizisten mit dem Gummiknüppel)
• wiederholende Verfügung bzgl. der Entscheidung in der Sache	• Zweitbescheid (erneute Entscheidung in der Sache) • wiederholende Verfügung insoweit, als eine Bitte um erneute inhaltl. Prüfung (z.B. gem. § 51 VwVfG) abgelehnt wird
• Negativattest	• feststellender VA

Wann liegt eine Regelung i.S.d. § 35 VwVfG vor?

Statthaftigkeit der Anfechtungsklage

(+), wenn die Klage auf die Aufhebung eines **VA** gerichtet ist, § 42 I Alt. 1 VwGO, und die Klage **nicht erledigt** ist (§ 113 I S. 4 VwGO; s.u.)

Qualifikation als VA v.a. nach äußerem Erscheinungsbild, ansonsten Subsumtion unter § 35 VwVfG:

- Maßnahme einer Behörde
- auf dem Gebiet des öff. Rechts
- zur Regelung (problemträchtig!)
- eines Einzelfalls
- mit unm. Außenwirkung (problemträchtig!)

Erledigung

(+), wenn der VA keine Rechtswirkungen bzw. keine Beschwer mehr entfaltet (v.a. in den Fällen des § 43 II VwVfG)

Unter welchen Voraussetzungen ist die Anfechtungsklage statthaft?

1. Aufdrängende Sonderzuweisung? ⇨ wichtig v.a. § 126 BBG

2. Grds. Zuweisung gem. § 40 I VwGO

a) Öffentl.-rechtl. Streitigkeit	**(+)**, wenn die streitentscheidende Norm öff.-rechtl. Natur ist (Subordinations-, mod. Subjekts-, Interessentheorie) ⇨ problematisch v.a.: (1) Hausverbotsfälle; (2) Widerruf ehrenrühriger Äußerungen; (3) Subventionsfälle; (4) Zulassung zu öff. Einrichtungen
b) Nichtverfassungsrechtl. Art	**(+)** keine doppelte Verfassungsunmittelbarkeit = kein unmittelbar am Verfassungsleben beteiligter Rechtsträger beteiligt bzw. kein Streit über die Anwendung bzw. Auslegung von Verfassungsrecht
c) Keine abdrängende Sonderzuweisung	**v.a.** § 40 II S. 1 VwGO; Art. 14 III S. 2; 34 S. 3 GG, §§ 23 ff. EGGVG, § 33 FGO, § 51 SGG

Unter welchen Voraussetzungen ist der Verwaltungsrechtsweg eröffnet?

(1) Sachentscheidungskompetenz des Gerichts: Eröffnung des Verwaltungsrechtswegs (v.a.: § 40 I VwGO); Zuständigkeit (§§ 45, 52 VwGO)

(2) Zulässigkeitsvoraussetzungen der Anfechtungsklage i.e.S.

(a) Statthaftigkeit der Klage, § 42 I Alt. 1 VwGO ⇨ gerichtet gg. VA?

(b) Klagebefugnis, § 42 II VwGO ⇨ Möglichkeit einer Rechtsverletzung?

(c) Ordnungsgemäßes Vorverfahren, §§ 68 ff. VwGO

(d) Klagefrist, § 74 VwGO

(e) **Sonstiges**: Beteiligten-/Prozessfähigkeit (§§ 61, 62 VwGO); Ordnungsgemäße Klageerhebung (§§ 81 I, 82 I S. 1 VwGO)

Nach welchem Schema sollte man bei der Prüfung der Zulässigkeit einer Anfechtungsklage vorgehen?

(Stets förmliche) gerichtl. Rechtsbehelfe	**Formlose außergerichtl. Rechtsbehelfe**	**Förmliche außergerichtl. Rechtsbehelfe**
	z.B.: Aufsichtsbeschwerde	**z.B.:** Widerspruch (§ 68 VwGO)

Leistungsklagen	Verpflichtungsklage (§ 42 I Alt. 2 VwGO); Allg. Leistungsklage (vgl. § 43 II VwGO)
Gestaltungsklagen	Anfechtungsklage (§ 42 I Alt. 1 VwGO)
Feststellungsklagen	Fortsetzungsfeststellungsklage (§ 113 I S. 4 VwGO); Allg. Feststellungsklage (§ 43 VwGO); Normenkontrollantrag (§ 47 VwGO)
Besondere Anträge	Antrag auf Gewährung vorläufigen Rechtsschutzes (v.a. §§ 80 ff., 123 VwGO)

Welche Rechtsbehelfe sind im Verwaltungsrecht zu unterscheiden?
Wie können die gerichtlichen Rechtsbehelfe typisiert werden?

Einstweilige Anordnung **VerfProzR 52**

↳ StaatsR II, Rn. 51

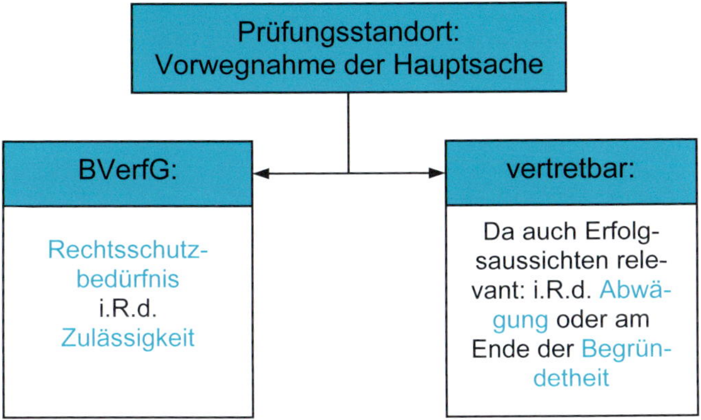

An welcher Stelle ist die Frage einer unzulässigen Vorwegnahme der Hauptsache zu erörtern?

Wiederholen:
Das Wiedererinnern des Lern[illegible] vertieft die Gedächtnisspur. Finden Sie heraus, wie vi[illegible]alten hab[illegible]gen Sie sich in welchem Zusammenhang die Ha[illegible] zueinand[illegible]
Über die Fragen kontrolli[illegible] den Lernstoff verstanden und behalten haben. So setzen Sie sich [illegible]igen Themenkreis auseinander. Es bleibt immer mehr hänge[illegible]

Haben Sie sich an das Gelernte umfänglich erinnert?

✔ Der Stoff ist nun einen Schritt näher auf dem Weg zum Langzeitgedächtnis. Bestimmte Problemkreise haben Sie nun abgespeichert. Es darf daher Stufe 3 übersprungen werden.
Sortieren Sie die Karteikarte unter 4. (fundiertes Wissen) ein.

✘ Haben Sie sich nur teilweise oder gar nicht an das Gelernte erinnert, so muss der Lernstoff noch mal vertieft werden. Bleiben Sie am Ball: Es gilt am nächsten Tag Stufe 3.
Sortieren Sie die Karteikarte unter Schritt drei "2. Wiederholen" ein.

Welche klassischen Hauptfunktionen der Grundrechte kennen Sie?

↳ Staats-/VerfR: Karteikarte Nr. 2

Die klassischen Grundrechtsfunktionen

status negativus	**status positivus**	**status activus**
Grundrechte als Abwehrrechte	Grundrechte als Teilhabe- und Leistungsrechte	staatsbürgerliche Rechte (z.B. Art. 38 I, 33 I - III)

Wie lassen sich die Grundrechte nach ihrem Inhalt unterteilen? Nennen Sie jeweils Beispiele!

↳ Staatsrecht I, Rn. 83

Grundrechtsart	Beispiele
Freiheitsgrundrechte Schutz gegen staatl. Eingriffe	Art. 2, 4, 8, 12, 14 etc.
Gleichheitsgrundrechte Schutz vor Diskriminierung	Art. 3 I, III, 6 I, V, 12 II, 38 I S. 1, 33 I - III
Teilhaberechte Einflussnahme auf staatliches Handeln	Art. 17, 19 IV

Zwischen welchen Arten von Einrichtungsgarantien ist zu unterscheiden?

↳ Staats-/VerfR: Karteikarte Nr. 4 ; Basics ÖR, Rn. 89 ff.

Einrichtungsgarantie

→ **Institutsgarantie**

Festschreibung von Rechtsinstituten des Privatrechts, z.B. Ehe, Art. 6 I

→ **Institutionelle Garantie**

Verbürgung von Rechtsinstituten des öffentlichen Rechts, z.B. Berufsbeamtentum, Art. 33 V

Wie stellt sich aus Sicht des BVerfG das Verhältnis zwischen Unionsrecht und Grundrechten nach dem Grundgesetz dar?

↳ Staats-/VerfR: Karteikarte Nr. 8

Bindungswirkung der Grundrechte bei Unionsrechtsakten

Entscheidung	Aussage
Solange I (`74)	Unionsrecht auf Grundrechtsverstöße **überprüfbar**
Solange II (`86)	Anerkennung d. Grundrechtsschutzes auf Unionsebene, daher **keine Überprüfung**
Maastricht (`93)	Kooperation mit EuGH; Überprüfung **nur**, wenn generell unabdingbare Grundrechtsstandards nicht gewährleistet, Schutz des Kernbereichs des GG
Lissabon (`09) und Folgeentscheidungen	Kontrolle, ob Art. 23 I S. 3, 79 III, 1, 20 GG verletzt (Identitätskontrolle) oder ob Kompetenzüberschreitung der EU, aber nur wenn evident und schwerwiegend (ultra-vires-Kontrolle), zudem Solange-Rspr.

Welche Formen fiskalischen Handelns des Staates gibt es? Ist auch hierbei eine Grundrechtsbindung zu bejahen?

↳ Staats-/VerfR: Karteikarte Nr. 10

Fiskalische Tätigkeit

Verwaltungsprivatrecht	erwerbswirtsch. Betätigung	privatrechtl. Hilfsgeschäfte
= Wahrnehmung öffentl. Aufgaben durch Privatrecht	= wirtsch. Tätigkeit wie Privatmann	= Deckung des Verwaltungsbedarfes der Behörden
unmittelbare Wirkung der Grundrechte	str., wenigstens **mittelbare** Wirkung, nach BVerfG unmittelbare Geltung!	wie bei erwerbswirtschaftl. **Betätigung** str.

keine Flucht ins Privatrecht

Wie verhält es sich mit der Grundrechtsfähigkeit von OHG/KG, Parteien und ausländischen juristischen Personen?

↳ Staatsrecht I, Rn. 15 ff. ; Basics ÖR, Rn. 40

Art. 19 III GG

↓

Rechtsform unbeachtl.; Fähigkeit zur eigenen Willensbildung?

OHG/KG	Partei	Ausländische (nicht EU, dort Gleichstellung wegen Art. 18 AEUV) jur. Person
Ist „juristische Person“ i.S.v. Art. 19 III GG; dem Wesen nach u.a. Art. 2 I, 3, 5, 12, 14 GG anwendbar	Sofern bürgerlich-rechtlicher Status betroffen: als **(nicht)rechtsfähiger Verein** grundrechtsberechtigt	Wg. Wortlaut des Art. 19 III GG **nur Verfahrensgrundrechte**, z.B. Art. 103 I

Wo ist die objektivrechtliche Seite der Grundrechte von Bedeutung?

↳ Staats-/VerfR: Karteikarte Nr. 4 ; Basics ÖR, Rn. 83 ff.

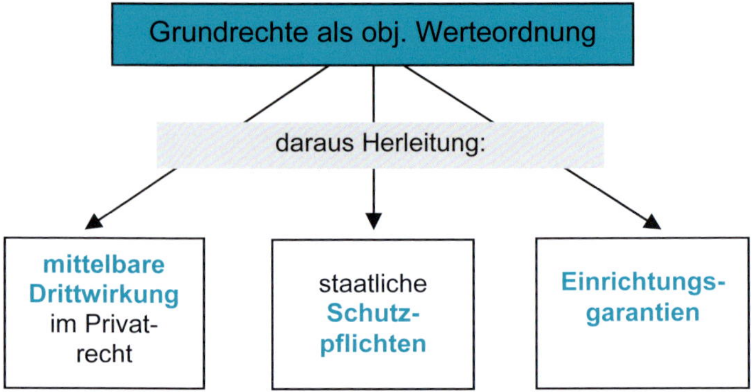

In welchen Fällen muss ein Gesetz den Anforderungen des Art. 19 I S. 2 GG genügen?

↳ Staats-/VerfR: Karteikarte Nr. 13; Basics ÖR, Rn.111

Zitiergebot, Art. 19 I S. 2

Ratio: „psychologische Schranke“ für Gesetzgeber

(+) → **Einschränkungsvorbehalte**

Art. 2 II S. 3, 6 III, 8 II, 10 II, 11 II, 13 II, 16 I S. 2

(-) → **Regelungsvorbehalte; Inhaltsbestimmungen**

Art. 12 I S. 2; 14 I S. 2; 2 I GG

(-) → **ebenfalls (-) bei:**

- vorbehaltlose GRe
- mittelbare/faktische Eingriffe
- Wiederholung vorkonstitutioneller Eingriffe

Wann liegt ein unzulässiger Eingriff in den Wesensgehalt i.S.v. Art. 19 II GG vor?

↳ Staats-/VerfR: Karteikarte Nr. 14 ; StaatsR I, Rn. 136

Art. 19 II GG

Relative Theorie

Im Einzelfall anhand einer Abwägung zu bestimmen (so BVerfG)

⇨ **Kritik:** Art. 19 II wäre neben Verhältnismäßigkeitsgrundsatz überflüssig

Absolute Theorie

Ist für Gesamtgesellschaft Grundrecht noch dem Wesen nach gewährleistet?

Auf Einzelperson abstellen; Wesensgehalt als vom konkr. Fall unabhängige Größe

Woraus entnehmen Sie die Schranken bei vorbehaltlos gewährten Grundrechten?

↳ StaatsR I, Rn. 141 f.

Schranken-gewinnung

Gemeinwohlklausel:

zu weit und unbestimmt, daher (-)

Übertragung der **Schrankentrias** des Art. 2 II / **Art. 5 II analog**:

(-), da Systematik entgegensteht

Theorie der **Grundrechtskonkurrenz**: bei Konkurrenz Schrankenübertragung

(-), anderenfalls würde Vorliegen mehrerer Grundrechte zur leichteren Beschränkbarkeit führen!

h.M.:

verfassungsimmanente Schranken

Was ist unter Menschenwürde zu verstehen?
Sind die drei Gewalten an diese gebunden?

Menschenwürde

↳ Staats-/VerfR: Karteikarte Nr. 17

Definition

„Objektformel" des BVerfG: Mensch darf nicht zum bloßen Objekt staatl. Handelns gemacht werden. Besonderheit: Keine Rechtfertigung eines Eingriffs möglich, Würde ist „unantastbar"

Eigenwert unabhängig von Eigenschaften oder Leistungen

Menschenwürde, Art. 1 I GG

Art. 1 III

Wortlaut unklar „nachfolgenden Grundrechte"; Art. 2 ff. konkretisieren Art. 1 I, daher Bindung an Menschenwürde als Selbstverständlichkeit anzusehen.

Zwischen welchen Eingriffsarten differenziert das Grundgesetz bei Art. 2 II S. 2 GG?

Art. 2 GG **Grundrechte 27**

↳ Staats-/VerfR: Karteikarte Nr. 21

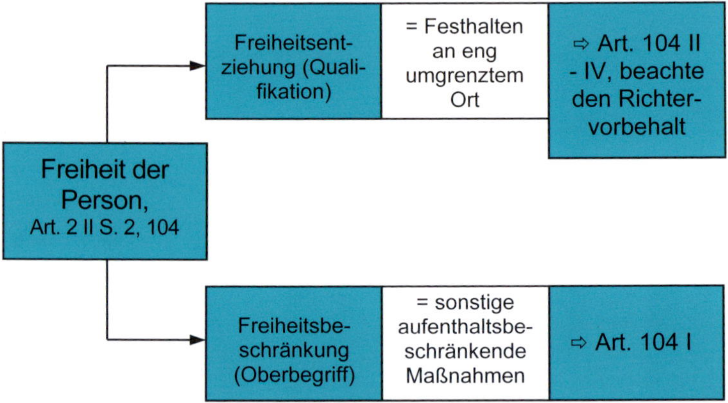

Inwiefern sind auch Exekutive und Judikative an Art. 3 I GG gebunden?

↳ Staats-/VerfR: Karteikarte Nr. 25

Rechtsanwendungsgleichheit

Verwaltung

Relevant bei Handlungsspielraum: Ermessen, Beurteilungsspielraum.
Sound: Selbstbindung der Verwaltung

Rechtsprechung

Denkbar bei willkürlichem Abweichen von gefestigter Rechtsprechung oder anerkannten Auslegungsregeln; Evidenzkontrolle

Was ist unter Glauben und Gewissen i.S.v. Art. 4 I GG zu verstehen?

↳ Staats-/VerfR: Karteikarte Nr. 27

Glaube	Überzeugung von Stellung des Menschen sowie der Beziehung zu höheren Mächten und tieferen Seinsschichten
Gewissen	seelisches Phänomen, das Entscheidungen an den Kategorien von „Gut" und „Böse" misst

Können sich Personenvereinigungen auf Art. 4 I GG berufen?

Art. 4 GG

↳ StaatsR I, Rn. 195

Art. 4 I i.V.m. Art. 19 III

(+) Glaubensfreiheit

Auch kollektive Glaubensfreiheit geschützt; Religionsgemeinschaften steht daher Art. 4 I GG zu

(-) Gewissensfreiheit

Kollektive Gewissensentscheidungen nicht vorstellbar, Vereinigung als solche hat kein „Gewissen“, daher (-)

Unterfällt jedes Handeln, das mit dem Glauben oder Gewissen des Handelnden in Zusammenhang steht, unter Art. 4 I GG?

↳ StaatsR I, Rn. 194

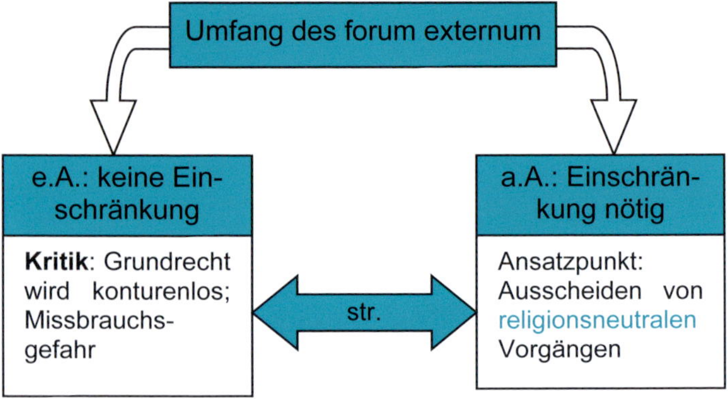

Was ist unter „Ehe“ i.S.v. Art. 6 I GG zu verstehen?

↳ Staats-/VerfR: Karteikarte Nr. 33

Ehe

- **soziale** Komponente
  - Gemeinschaft zwischen Mann und Frau
  - Absicht lebenslanger Bindung
- **rechtliche** Komponente
  - Ehe wurde in bürgerlich-rechtlich vorgesehener Form geschlossen

Welche Formen des Zusammenlebens unterfallen demnach nicht dem Schutzbereich der Ehe nach Art. 6 I GG?

StaatsR I, Rn. 223

Art. 6 I GG (-):

- **Gleichgeschlechtliche** Lebensgemeinschaften, auch wenn Ehe im Sinne des BGB
- **Nichteheliche** Lebensgemeinschaften, aber mit Kindern Familie i.S.d. Art. 6 I GG

Wann findet eine Versammlung unter freiem Himmel i.S.v. Art. 8 II GG statt?
Welche Schranken gelten, wenn dieses Merkmal fehlt?

↳ StaatsR I, Rn. 241

„unter freiem Himmel“

Ratio: Kommunikation mit Außenwelt macht Versammlung gefährlich
⇨ Begrenzung durch Seitenwände maßgeblich.

↓ wenn (-)

⇨ nur verfassungsimmanente Schranken

Welche zwei besonderen Versammlungsformen sind Ihnen bekannt? Welche Besonderheiten bestehen?

Basics ÖR, Rn. 185

Spontanversammlung	Anmeldung nach § 14 VersG nicht möglich, da spontan versammelt	Anmeldepflicht **entfällt**
Eilversammlung	Einhaltung der 48 Stunden nach § 14 VersG wg. besonderer Eile nicht möglich	Anmeldepflicht **(+)**; 48h jedoch nicht zwingend

Welche drei Eingriffsarten liegen der sog. Dreistufentheorie zugrunde?

Staats-/VerfR: Karteikarte Nr. 40

Eingriffsarten bei Art. 12 I GG

1. Stufe	2. Stufe	3. Stufe
Berufsausübungsregelung	**Subj. Zulassungsbeschränkung**	**Obj. Zulassungsbeschränkung**
Betrifft nur Ausübung, nicht Aufnahme der Tätigkeit	Berufsausübung wird von pers. Eigenschaften abhängig gemacht	Knüpft an Umstände an, die außerhalb der Person liegen

Wann ist eine Informationsquelle allgemein zugänglich i.S.v. Art. 5 I S. 1 GG?

↳ Staats-/VerfR: Karteikarte Nr. 30

Informationsquelle muss

- technisch geeignet und bestimmt sein,
- der Allgemeinheit

(nicht einem individuell bestimmbaren Personenkreis) Informationen zu beschaffen, der eröffneten Quelle ist die verfassungswidrig verschlossene Quelle gleichzustellen

Wie weit reicht der Schutzbereich der Pressefreiheit?

↳ Basics ÖR, Rn. 161

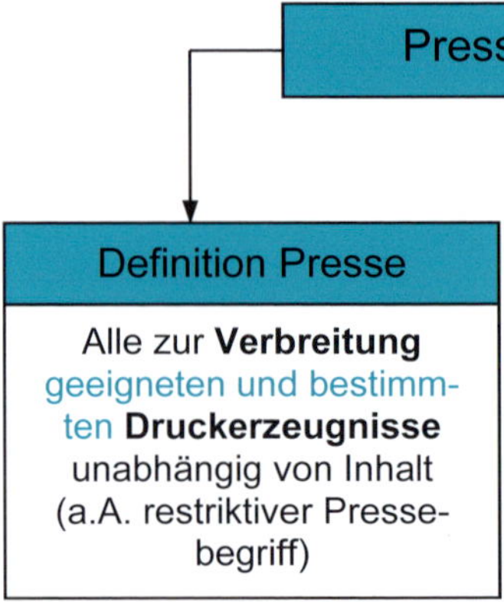

Wie ist Rundfunk i.S.v. Art. 5 I S. 2 Alt. 2 GG zu definieren?

↳ StaatsR I, Rn. 208 ; Basics ÖR, Rn. 163

Rundfunk

An unbestimmte Vielzahl von Personen gerichtete Übermittlung von Gedankeninhalten durch elektromagnetische Wellen

damit geschützt:

Hörfunk, Fernsehen, Videotext, Internet-Seiten

Was ist dann unter einem allgemeinen Gesetz zu verstehen?

↳ Staats-/VerfR: Karteikarte Nr. 31 ; Basics ÖR, Rn. 167 f.

Sonderrechts-lehre	allgemeines Gesetz	Abwägungs-lehre
Gesetz darf Meinung nicht als solche verbieten, muss also alle Meinungen gleich behandeln		Gesetz schützt Rechtsgut, das Vorrang vor Meinungsfreiheit hat

BVerfG:

Kombination:	nicht gegen Meinungsäußerung als solche oder gegen eine bestimmte Meinung gerichtet **und** Schutz eines höherrangigen Rechtsgutes

Was ist unter Kunst i.S.v. Art. 5 III GG zu verstehen?

↳ Basics ÖR, Karteikarte Nr. 16

Kunstbegriff

weite Auslegung

formal	materiell	offen
künstlerische Betätigung eines bestimmten Werktyps (z.B. Gemälde)	freie schöpferische Gestaltung; dadurch Ausdruck von Erfahrungen, Eindrücken des Künstlers	künstlerische Äußerung, die vielstufiger Interpretation zugänglich ist

Wie ist „Versammlung" i.S.v. Art. 8 I GG zu definieren?

↳ Staats-/VerfR: Karteikarte Nr. 35 ; Basics ÖR, Rn. 179

Versammlung

Teilnehmerzahl

Jedenfalls drei ausreichend; str., ob schon bei zwei Teilnehmern Versammlung, BVerfG (+)

Gem. Zweck

h.M.: kommunikativer Zweck erforderlich; (+), wenn auf Meinungsbildung oder -äußerung gerichtet

Welche Tätigkeitsbereiche schützt Art. 8 I GG?

↳ StaatsR I, Rn. 236

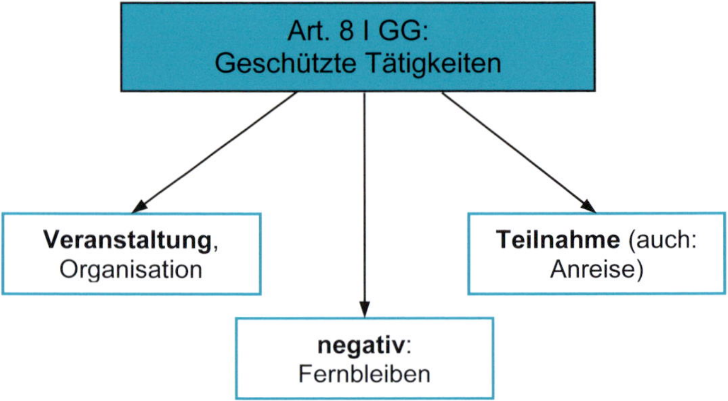

Unterliegt Art. 9 I GG wie Art. 2 I GG wegen der Verweisung auf die „verfassungsmäßige Ordnung“ in Art. 9 II GG einem allgemeinen Schrankenvorbehalt?

StaatsR I, Rn. 250 ; Basics ÖR, Rn. 192

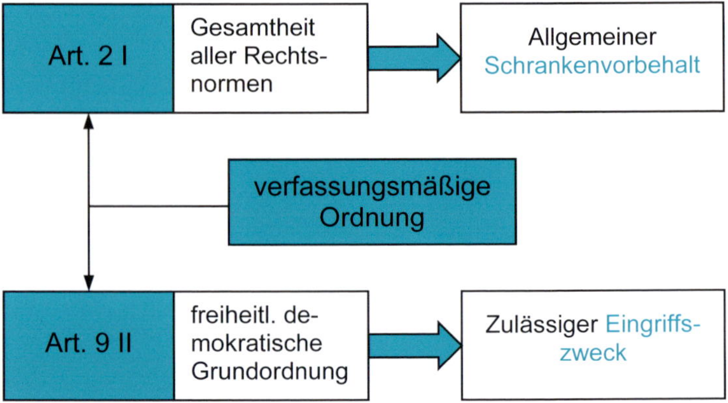

Unter welchen Voraussetzungen ist von einer Koalition i.S.v. Art. 9 III GG auszugehen?

↳ Staats-/VerfR: Karteikarte Nr. 36

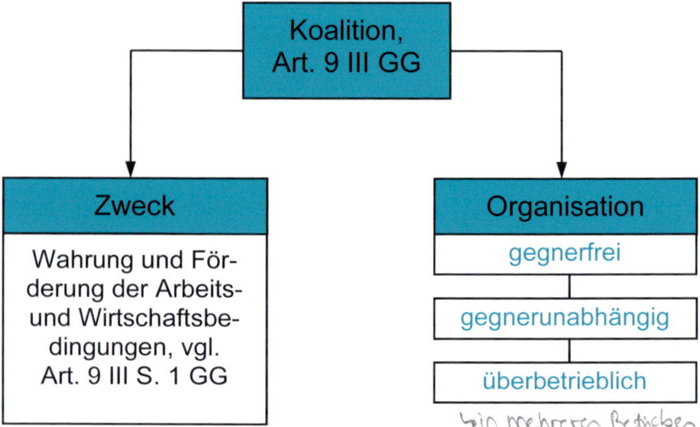

ein mehreren Betrieben repräsentiert

Worin liegt der Unterschied zwischen dem Fernmeldegeheimnis (Art. 10 I GG) und der Rundfunkfreiheit (Art. 5 I S. 2 GG)?

↳ Staats-/VerfR: Karteikarte Nr. 37

Fernmeldegeheimnis	Rundfunkfreiheit
Schutz der Informationsübermittlung durch **elektromagnetische Wellen**	
Schutz nur der **individuellen** Kommunikation	Informationen sind an **unbestimmte Vielzahl** von Personen gerichtet

Was ist im Hinblick auf private Telekommunikationsunternehmen sowie auf die Post AG zu beachten?

Art. 10 I GG als Abwehrrecht **gegen** den Staat

Keine unmittelbare Wirkung gegenüber **privaten** Unternehmen; anders wegen Art. 1 III GG, wenn vom Staat beherrschtes Unternehmen des Privatrechts

Schutz der Telekommunikationsunternehmen **selbst** vor staatl. Eingriffen (+)

Unterfällt die staatliche Überwachung von Gesprächen durch Richtmikrophone oder Wanzen dem Schutzbereich des Art. 10 I GG?

↳ Staats-/VerfR: Karteikarte Nr. 38

Nein, Art. 10 I GG (Fernmeldegeheimnis) schützt die elektromagnetische Übermittlung, z.B.: Abhören von **Telefongesprächen**.
Die genannten Eingriffe sind jedoch an Art. 13 GG zu messen („**Lauschangriff**").
Nach der Rspr. des BVerfG sind solche Eingriffe nur unter sehr restriktiven Voraussetzungen zulässig, intime Gespräche mit engen Verwandten dürfen bspw. nicht abgehört werden, da auch Art. 1 I GG betroffen ist.

Welche Tätigkeiten schützt Art. 11 I GG?

↳ Staats-/VerfR: Karteikarte Nr. 38

Freizügigkeit

= Recht, an einem Ort innerhalb der Bundesrepublik Wohnsitz oder Aufenthalt von gewisser Dauer zu nehmen + Mitnahme der persönl. Habe

positiv	negativ
auch Einreise; **nicht** Ausreise: Endpunkt muss in BRD liegen	Recht, Ortswechsel **nicht** vorzunehmen

Welche Bedeutung hat der Begriff „Beruf“ i.S.v. Art. 12 GG?

↳ Staats-/VerfR: Karteikarte Nr. 39 ; Basics ÖR, Rn. 195

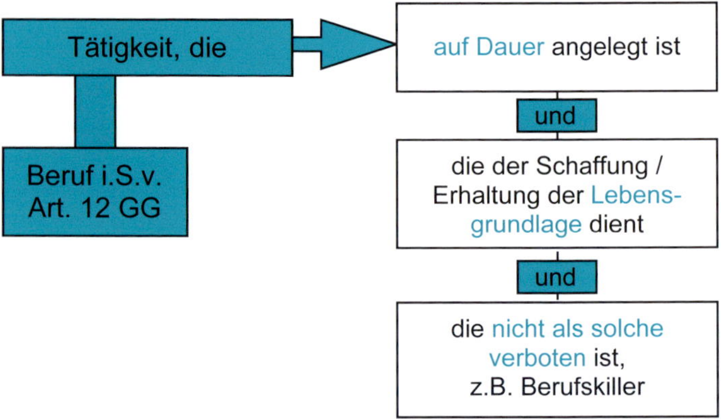

Was setzt das Vorliegen eines Eingriffs in die Berufsfreiheit allgemein voraus?

↬ Basics ÖR, Rn. 198

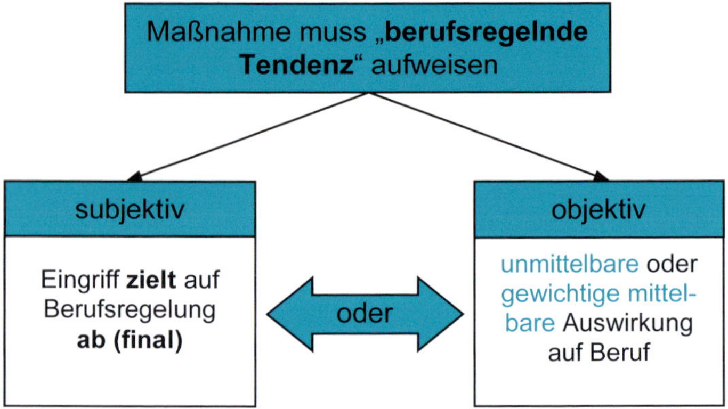

Unter welchen Voraussetzungen sind Eingriffe in die Berufsfreiheit verhältnismäßig i.e.S. (= angemessen)? oder legitimer Zweck

↳ Staats-/VerfR: Karteikarte Nr. 41

Anforderungen an Angemessenheit

1. Stufe	2. Stufe	3. Stufe
Berufsausübungsregelung	**Subj. Zulassungsbeschränkung**	**Obj. Zulassungsbeschränkung**
vernünftige Erwägungen des Gemeinwohls	Zum Schutz wichtiger Gemeinschaftsgüter	Zur Abwehr konkreter Gefahren von überragend wichtigen Gemeinschaftsgütern

Wie ist der Begriff der „Wohnung“ i.S.v. Art. 13 I GG auszulegen?

Art. 13 GG

StaatsR I, Rn. 279

Wohnung i.S.v. Art. 13 I GG

allgemein:

- Raum
- der allgemeinen Zugänglichkeit durch Abschottung entzogen
- Stätte des privaten Lebens und Wirkens

Beispiele:

- Privatwohnung samt Nebenräumen (z.B. Keller)
- Geschäfts- und Betriebsräume

Vor welchen Eingriffen schützt Art. 13 GG?

↳ StaatsR I, Rn. 280

Eingriffe in Art. 13 GG

Jedes Eindringen in den geschützten Bereich durch öffentl. Gewalt

Durchsuchung

⇨ Art. 13 II

Lauschangriff

⇨ Art. 13 III - VI

sonstige

⇨ Art. 13 VII

Was versteht man unter einer Durchsuchung
i.S.v. Art. 13 II GG?
Wann ist „Gefahr im Verzuge“?

↳ StaatsR I, Rn. 281

Durchsuchung	Zielgerichtetes Suchen nach Personen / Gegenständen (durch staatl. Organe)
Gefahr im Verzuge	Einholung einer vorherigen richterlichen Anordnung würde Durchsuchungserfolg gefährden

Wie sind die Schutzbereiche des Brief- und des Postgeheimnisses i.S.v. Art. 10 I GG voneinander abzugrenzen?

↳ Staats-/VerfR: Karteikarte Nr. 37

Briefgeheimnis	Postgeheimnis
Schutz des Briefverkehrs **außerhalb** des **Postbereichs**	Schutz des **durch die Post vermittelten** Verkehrs
Nur schriftliche Mitteilungen, die mündlichen Verkehr ersetzen	Alle der Post übergebenen Sendungen

Welche Positionen werden vom Eigentumsbegriff des Art. 14 GG erfasst?

Art. 14 GG

↳ Staats-/VerfR: Karteikarte Nr. 42 ; Basics ÖR, Rn. 208 ff.

Eigentum i.S.v. Art. 14 GG

(+)	(-)
• Sacheigentum	• Vermögen als solches
• **private** Vermögensrechte wie Forderungen und Rechte (auch: Besitz)	• **rechtswidrig** erlangte Vermögensvorteile
• **öffentl.-rechtl**. Positionen, soweit Äquivalent eigener Leistung	• bloße **Erwerbsaussichten**

Welche Ansichten wurden zur Abgrenzung Inhalts- und Schrankenbestimmung / Enteignung vertreten? Welches Kriterium stellt das BVerfG auf?

↳ StaatsR I, Rn. 290 f.; Basics ÖR, Rn. 212 ff.

Abgrenzungskriterien bei Art. 14 GG

früher:

quantitativ	
BVerwG	**BGH**
Sonderopfertheorie	Schweretheorie
Intensität maßgeblich (minus)	

heute:

BVerfG: qualitativ

Intensität des Eingriffs **kein** relevantes Kriterium; typologische Unterscheidung nach Finalität: finaler Eingriff in Form einer Güterbeschaffung = Enteignung (aliud)

Wann ist ein Eingriff „final“ in diesem Sinne?

↳ Staats-/VerfR: Karteikarte Nr. 43

Finalität:
Gesamtbetrachtung

eher Inhalts- und Schrankenbestimmung	eher Enteignung
• **Regelung generell-abstrakt**	• Regelung konkret-individuell
• **kein gezielter Zugriff**	• dolus directus
• **Schwerpunkt in zukünftiger Regelung**	• **Schwerpunkt** liegt in Güterbeschaffung in Gegenwart

Unter welchen Voraussetzungen stellt eine Legalenteignung einen zulässigen Eingriff in das Eigentumsgrundrecht dar?

durch Gesetz

StaatsR I, Rn. 299 ff.

III. Schranke

1. Formelle Verfmk. des Gesetzes
2. Materielle Verfmk. des Gesetzes

Art. 14 III:
- a) Gesetz sieht Entschädigung vor
- b) Gesetz nennt Eingriffszweck
- c) Zweck dient Allgemeinwohl

Bestimmtheit etc. ←
- d) mat. Verfmk. im Übrigen: wegen Art. 19 IV GG nur subsid. ggü. Administrativentscheid.

IV. Schranken-Schranke

1. Verhältnismäßigkeit
2. Art. 19 II GG gilt **nicht**

Wann ist eine Administrativenteignung verfassungsgemäß?

StaatsR I, Rn. 299 ff.

III. Schranke

vgl. KK Nr. 79

1. Formelle Verfmk. des Gesetzes
2. Materielle Verfmk. des Gesetzes
3. Subsumtion des Einzelaktes unter das Gesetz

IV. Schranken-Schranke

1. Verhältnismäßigkeit des Gesetzes
2. Verhältnismäßigkeit des Einzelaktes

Worin liegt der Unterschied zwischen enteignendem und enteignungsgleichem Eingriff? Auf welche Rechtsgrundlage sind Ansprüche hieraus zu stützen?

Art. 14 GG

↳ Staats-/VerfR: Karteikarte Nr. 45

Rechtsgrundlage

früher:
Art. 14 III analog

Nassauskiesungsbeschluss

heute:
Aufopferung,
§§ 74 f. EL PrALR

enteignungsgl. Eingriff	enteignender Eingriff
Maßnahme rechtswidrig	Maßnahme rechtmäßig

Welche Bedeutung kommt dem Prinzip „dulde und liquidiere" innerhalb von Art. 14 GG zu?

StaatsR I, Rn. 305

Nassauskiesungsbeschluss

kein „dulden und liquidieren“

d.h.: Anspruch aus enteignungsgl. Eingriff **nur**, wenn vorher in zumutbarer Weise Primärrechtsschutz gegen Eingriffsakt in Anspruch genommen

Grundlage:

§ 254 BGB analog, nach a.A. § 839 III BGB analog

Wie sind ausgleichspflichtige Inhalts- und Schrankenbestimmungen und ein Anspruch aus enteignungsgleichem Eingriff abzugrenzen?

Ausgleichspflichtige I/S-Bestimmung		Enteignungsgleicher Eingriff
Frage der Rechtmäßigkeit eines Inhalts- und Schrankengesetzes		Rechtswidriger Eigentumseingriff
Dann, wenn I/S-Gesetz nur bei Gewährung eines Geldausgleiches (im Gesetz selbst) verhältnismäßig ist.	⟷	Führt zu einem einklagbaren Anspruch (vgl. KK Nr. 81)
Anspruch nur, wenn gesetzlich geregelt		

Woraus ergibt sich ein Entschädigungsanspruch bei einer rechtswidrigen Enteignung?

Rechtswidrige Enteignung = rechtswidriger Eigentumseingriff:
1. Anspruch aus Art. 14 III GG i.V.m. Spezialgesetz analog, wenn rechtswidrige Anwendung des Gesetzes (aber wohl auch hier Vorrang des Primär-RS)
2. Wenn Enteignung rw., da kein verfassungsgem. Enteignungsgesetz, Anspruch aus enteignungsgleichem Eingriff! Aber Vorrang des Primärrechtsschutzes!

Was sind sog. „salvatorische Klauseln“?

Salvatorische Klauseln

Gesetzliche Regelungen, die eine Entschädigung für den Fall vorsehen, dass das Gesetz „enteignende Wirkung“ (o.ä.) hat.

Können sog. „salvatorische Klauseln“ die Rechtmäßigkeit eines Eingriffs in Art. 14 GG herbeiführen?

Wirkung salvatorischer Klauseln

I/S-Bestimmung

Klausel kann nach dem Prinzip der ausgleichspflichtigen I/S-Bestimmung Verhältnismäßigkeit herbeiführen

Jedoch überprüfen, ob Bestimmtheitsgrundsatz gewahrt

Enteignung

Klausel genügt nicht Anforderungen des Art. 14 III 2 GG: Gesetzgeber muss genau bestimmen, wann Enteignung vorliegt

Denn: nach Finalitätskriterium abstrakt/ generelle Abgrenzung möglich

Welche Anforderungen sind nach h.M. an salvatorische Klauseln (soweit diese zulässig sind) zu stellen?

↳ Life&Law Heft 3/2000, S. 190 ff.

Anforderungen an salvatorische Klauseln

(1)	formelles Gesetz wg. Budgetrecht des Parlaments
(2)	Vorrang der Bestandsgarantie: Gesetz muss vorsehen, dass in Härtefällen Eingriff unterbleibt, Entschädigung nur sekundär.
(3)	Behörde muss über Maßnahme und Entschädigung gleichzeitig entscheiden

Zweites Wiederholen ("kleine Strafrunde"):

Beschäftigen Sie sich am Tag nach Stufe 2 mit dem "unvollständig Gelernten". In der Klausur wäre der Stoff noch nicht abrufbar. Machen Sie sich bewusst, warum der Problemkreis nicht beherrscht wird. Lesen Sie gezielt noch mal in unseren Produkten nach und schaffen Sie sich hierdurch die Basis zum Verstehen.

Machen Sie sich kurze Notizen und Verweise.

- ✔ **Nach der zweiten Wiederholung wird die Karteikarte zurück auf Stufe zwei einsortiert und unterliegt dort am nächsten Tag nochmals einer Kontrolle. Durch diese Lernmethode widmen Sie den Problemkreisen, die Sie nicht auf Anhieb verstehen, von Anfang an mehr Zeit.**
  So kommen sie über den Umweg 3 und nochmal Stufe 2 zu Stufe 4.

Welcher Rechtsbehelf steht den Ländern gegen ein Aufsichtsmittel der Bundesregierung i.R.d. Art. 84 GG zu?

↳ StaatsR II, Rn. 40, 189

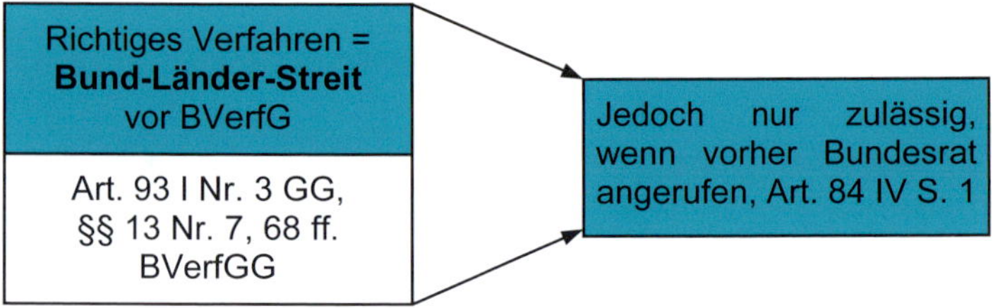

Wie vollzieht sich im Einzelnen die Mitwirkung des Bundesrates bei Einspruchsgesetzen?

Staats-/VerfR: Karteikarte Nr. 88

Verfahren bei Einspruchsgesetzen

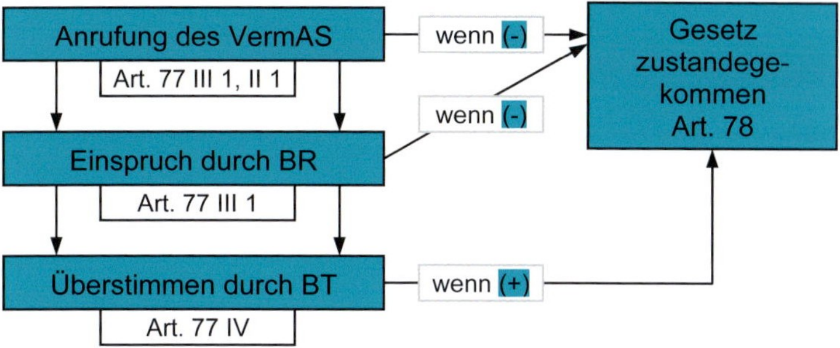

Wie stellt sich die Beteiligung des Bundesrates
bei Zustimmungsgesetzen
im Einzelnen dar?

↳ Staats-/VerfR: Karteikarte Nr. 89

Verfahren bei Zustimmungsgesetzen

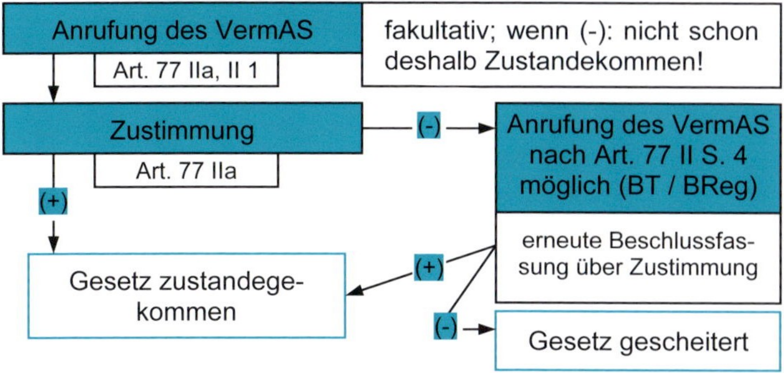

In welchen Schritten vollzieht sich das sog. Abschlussverfahren?

↳ Staats-/VerfR: Karteikarte Nr. 90

Abschlussverfahren

I. Gegenzeichnung durch BReg.	Art. 58
II. Ausfertigung durch BPräs.	Art. 82 I S.1
III. Verkündung im BGBl.	Art. 82 I S.1

Welche formellen Besonderheiten sind beim Erlass eines verfassungsändernden Gesetzes zu beachten?

↳ Staats-/VerfR: Karteikarte Nr. 91

Verfassungsändernde Gesetze

Ausdrücklichkeit

Ausdrückliche Änderung des GG-Wortlautes, Art. 79 I S. 1

Ratio: Wahrung des GG als einzigem Verfassungstext

Besondere Mehrheiten

Art. 79 II:

$^{2}/_{3}$-Mehrheit der BT-Mitglieder (Art. 121)

\+

$^{2}/_{3}$ der BR-Mitglieder

Nach welchen drei Grundtypen der Verwaltung werden nach dem Grundgesetz die Gesetze des Bundes ausgeführt?

Exekutive

↳ Basics ÖR, Rn. 265 ff.

Grundsatz	Ländereigene Verwaltung	Art. 83 f.
Bei ausdrückl. Anordnung im GG	Auftragsverwaltung	Art. 85
	Bundeseigene Verwaltung	Art. 86 f.

Warum sehen zahlreiche Bundesgesetze vor, dass Maßnahmen von der „zuständigen Behörde des Landes“ vorzunehmen sind, ohne eine bestimmte Behörde zu nennen?

Im Regelfall landeseigene Verwaltung, Art. 83

→

Land für Bestimmung der zuständigen Behörde zuständig, Art. 84 I

→

Bund kann Zuständigkeitsregelung erlassen, Land hat dann aber Abweichungsbefugnis, Art. 84 I S. 2 GG

Welche Form der Bundesaufsicht besteht beim landeseigenen Vollzug?
Wer ist hierfür zuständig?

↳ StaatsR II, Rn. 188; Basics ÖR, Rn. 268

Bundesaufsicht beim landeseigenen Vollzug

= reine **Rechtsaufsicht**, Art. 84 III 1

↓

zuständig:

Bundesregierung als **Kollegialorgan**

Welche Aufsichtsmittel stehen der Bundesregierung beim Vollzug durch die Länder nach Art. 84 GG zu?

↳ StaatsR II, Rn. 189

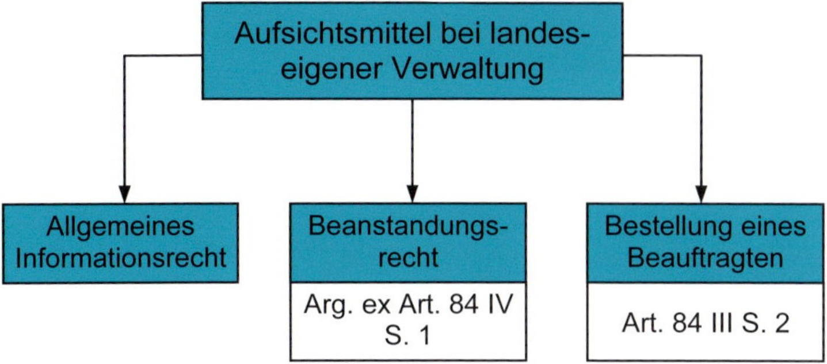

Wie ist die Bundesaufsicht i.R.d. Bundesauftragsverwaltung zu qualifizieren? Welche Aufsichtsmittel bestehen?

↳ Staats-/VerfR: Karteikarte Nr. 93

Bundesaufsicht bei Auftrags-verwaltung, Art. 85

= Fachaufsicht, d.h.: auch Zweckmäßig-keitskontrolle

↙

Bei Rechtsver-stößen Mittel der Rechtsaufsicht, wie Art. 84

↘

Weisungsrecht; bei Nichtbeach-tung Mittel der Rechtsaufsicht

Ist die Annahme einer ungeschriebenen Verwaltungskompetenz des Bundes denkbar?

↳ Staats-/VerfR: Karteikarte Nr. 94

Ungeschriebene Bundesverwaltungskompetenz

wg. Art. 83 GG grds. abzulehnen

↓

Jedoch: Kompetenz wg. **Natur der Sache**, kraft **Sachzusammenhangs** oder als **Annex** wird diskutiert

→

Voraussetzung: Vollzug durch Länder muss **schlechthin untragbar** sein; wg. Rechtsaufsicht kaum denkbar!

Was ist unter einer „Mischverwaltung“ zu verstehen? Ist eine solche zulässig?

↳ Staats-/VerfR: Karteikarte Nr. 95

Mischverwaltung

= **Kombinationsformen** oder **Modifizierungen** der grundgesetzlichen Verwaltungstypen

↓

Wg. Systematik der Art. 83 ff. GG grds. **abzulehnen**; v.a. auch Delegation von Aufsichtskompetenzen unzulässig

→

Ausnahme:

Gemeinschaftsaufgaben, Art. 91a GG, als zulässige Mischverwaltung

Wie lassen sich die Hauptfunktionen des Bundespräsidenten nach dem Grundgesetz einteilen?

Die obersten Staatsorgane

↳ Basics ÖR, Rn. 274

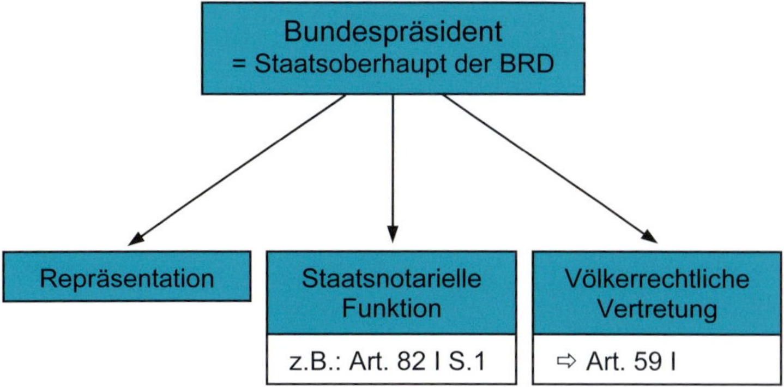

Wie vollzieht sich die Wahl des Bundespräsidenten?

↳ StaatsR II, Rn. 205

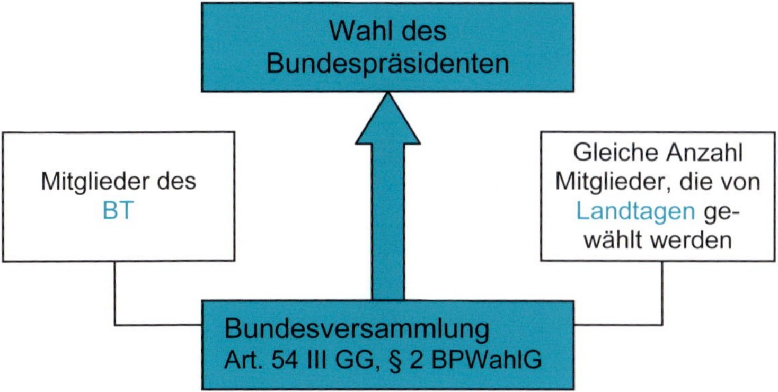

In welcher Form ist ein Prüfungsrecht des Bundespräsidenten bei der Ausfertigung nach Art. 82 I S. 1 GG anerkannt?

↳ StaatsR II, Rn. 213 f.; Basics ÖR, Rn. 279 ff.

Prüfungsrecht des Bundespräsidenten

formell

Überprüfung auf Verfahrensfehler wg. **Wortlaut** Art. 82 I S. 1 (+): „zustande gekommen“, vgl. Art. 78

politisch

(-), da Sache der Gesetzgebungsorgane

materiell

str., vgl. nächste KK

Welche sind die wichtigsten Argumente für und gegen die Annahme eines materiellen Prüfungsrechtes?

↳ Staats-/VerfR: Karteikarte Nr. 97

Materielles Prüfungsrecht?

pro	contra
• Art. 56, 61? (-), wäre Zirkelschluss	• Überschneidung mit BVerfG-Kompetenz? (-), dort repressive Kontrolle
• formell/ materiell oft schwer unterscheidbar	• „schwache Stellung" des BP ggü. WRV? (-), da Stellung gerade geklärt werden soll
• Bindung an Verfassung, Art. 1 III, 20 III ⇨ jedenfalls bei **evidenten** mat. Fehlern PrüfungsR	

↳ StaatsR II, Rn. 213 f.; Basics ÖR, Rn. 279 ff.

Prüfungsrecht des Bundespräsidenten

formell

Überprüfung auf Verfahrensfehler wg. **Wortlaut** Art. 82 I S. 1 (+): „zustande gekommen“, vgl. Art. 78

politisch

(-), da Sache der Gesetzgebungsorgane

materiell

str., vgl. nächste KK

In welcher Form ist ein Prüfungsrecht des Bundespräsidenten bei der Ausfertigung nach Art. 82 I S. 1 GG anerkannt?

↳ StaatsR II, Rn. 205

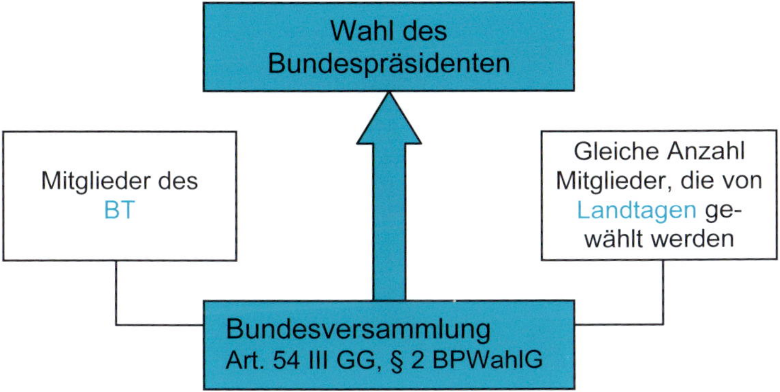

Wie vollzieht sich die Wahl des Bundespräsidenten?

↳ Basics ÖR, Rn. 274

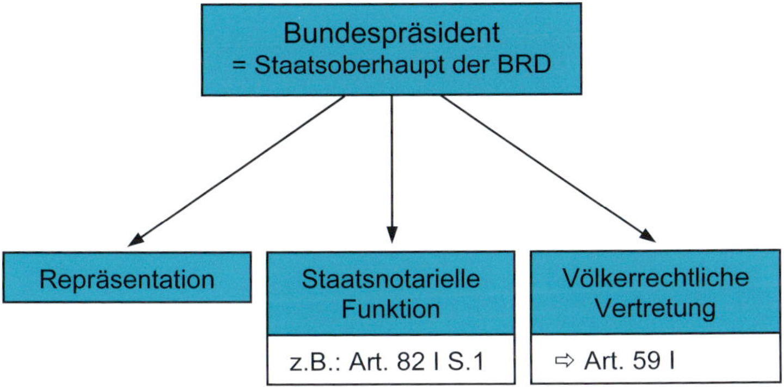

Wie lassen sich die Hauptfunktionen des Bundespräsidenten nach dem Grundgesetz einteilen?

↳ Staats-/VerfR: Karteikarte Nr. 95

Mischverwaltung

= **Kombinationsformen** oder **Modifizierungen** der grundgesetzlichen Verwaltungstypen

↓

Wg. Systematik der Art. 83 ff. GG grds. **abzulehnen**; v.a. auch Delegation von Aufsichtskompetenzen unzulässig

→ **Ausnahme:**

Gemeinschaftsaufgaben, Art. 91a GG, als zulässige Mischverwaltung

Was ist unter einer „Mischverwaltung“ zu verstehen? Ist eine solche zulässig?

↳ Staats-/VerfR: Karteikarte Nr. 94

Ungeschriebene Bundesverwaltungskompetenz

wg. Art. 83 GG grds. abzulehnen

↓

<u>Jedoch:</u> Kompetenz wg. **Natur der Sache**, kraft **Sachzusammenhangs** oder als **Annex** wird diskutiert

→

<u>Voraussetzung:</u> Vollzug durch Länder muss **schlechthin untragbar** sein; wg. Rechtsaufsicht kaum denkbar!

Ist die Annahme einer ungeschriebenen Verwaltungskompetenz des Bundes denkbar?

↳ Staats-/VerfR: Karteikarte Nr. 93

Bundesaufsicht bei Auftragsverwaltung, Art. 85

= Fachaufsicht, d.h.: auch Zweckmäßigkeitskontrolle

↙ Bei Rechtsverstößen Mittel der Rechtsaufsicht, wie Art. 84

↘ **Weisungsrecht**; bei Nichtbeachtung Mittel der Rechtsaufsicht

Wie ist die Bundesaufsicht i.R.d. Bundesauftragsverwaltung zu qualifizieren? Welche Aufsichtsmittel bestehen?

↳ StaatsR II, Rn. 189

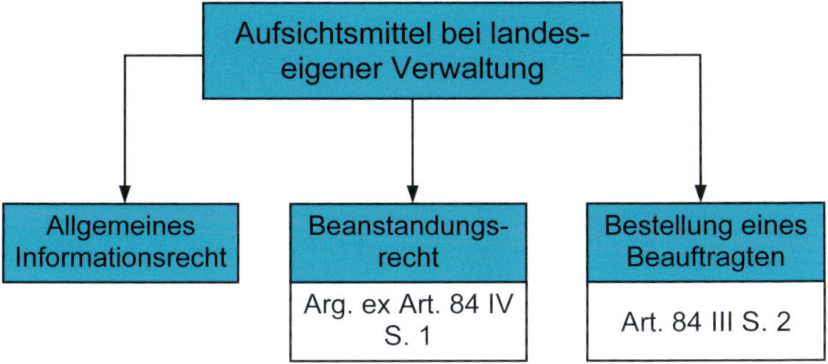

Welche Aufsichtsmittel stehen der Bundesregierung beim Vollzug durch die Länder nach Art. 84 GG zu?

↳ StaatsR II, Rn. 188; Basics ÖR, Rn. 268

Bundesaufsicht beim landeseigenen Vollzug

= reine **Rechtsaufsicht**, Art. 84 III 1

↓

zuständig:

Bundesregierung als **Kollegialorgan**

Welche Form der Bundesaufsicht besteht beim landeseigenen Vollzug?
Wer ist hierfür zuständig?

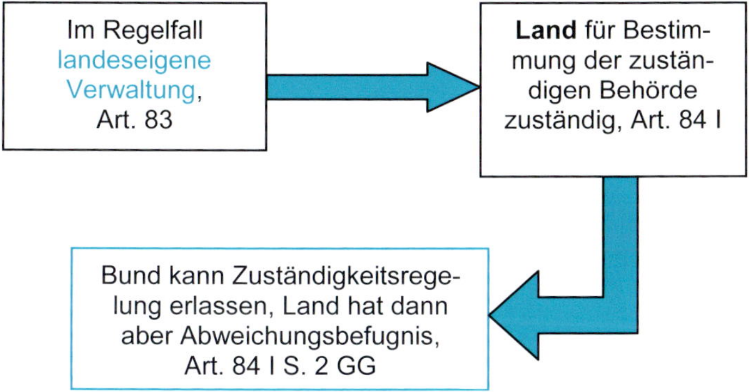
Im Regelfall landeseigene Verwaltung, Art. 83
Land für Bestimmung der zuständigen Behörde zuständig, Art. 84 I
Bund kann Zuständigkeitsregelung erlassen, Land hat dann aber Abweichungsbefugnis, Art. 84 I S. 2 GG

Warum sehen zahlreiche Bundesgesetze vor, dass Maßnahmen von der „zuständigen Behörde des Landes“ vorzunehmen sind, ohne eine bestimmte Behörde zu nennen?

↳ Basics ÖR, Rn. 265 ff.

Grundsatz	Ländereigene Verwaltung	Art. 83 f.
Bei ausdrückl. Anordnung im GG	Auftragsverwaltung	Art. 85
	Bundeseigene Verwaltung	Art. 86 f.

Nach welchen drei Grundtypen der Verwaltung werden nach dem Grundgesetz die Gesetze des Bundes ausgeführt?

↳ Staats-/VerfR: Karteikarte Nr. 91

Verfassungsändernde Gesetze

Ausdrücklichkeit

Ausdrückliche Änderung des GG-Wortlautes, Art. 79 I S. 1

Ratio: Wahrung des GG als einzigem Verfassungstext

Besondere Mehrheiten

Art. 79 II:

$^2/_3$-Mehrheit der BT-Mitglieder (Art. 121)

\+

$^2/_3$ der BR-Mitglieder

Welche formellen Besonderheiten sind beim Erlass eines verfassungsändernden Gesetzes zu beachten?

↳ Staats-/VerfR: Karteikarte Nr. 90

Abschlussverfahren

I. Gegenzeichnung durch BReg.	Art. 58
II. Ausfertigung durch BPräs.	Art. 82 I S.1
III. Verkündung im BGBl.	Art. 82 I S.1

In welchen Schritten vollzieht sich das sog. Abschlussverfahren?

↳ Staats-/VerfR: Karteikarte Nr. 89

Verfahren bei Zustimmungsgesetzen

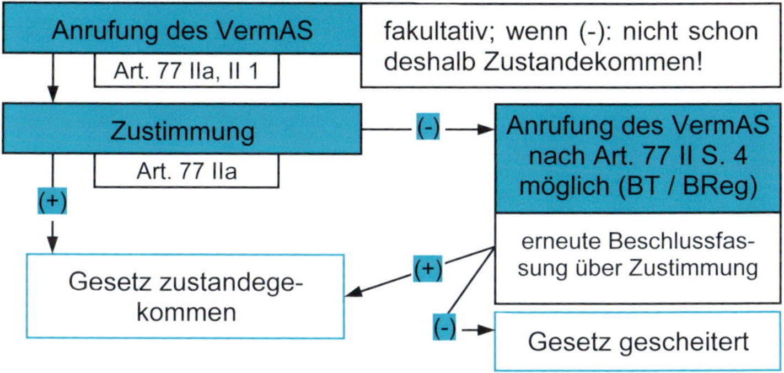

Wie stellt sich die Beteiligung des Bundesrates bei Zustimmungsgesetzen im Einzelnen dar?

Staats-/VerfR: Karteikarte Nr. 88

Verfahren bei Einspruchsgesetzen

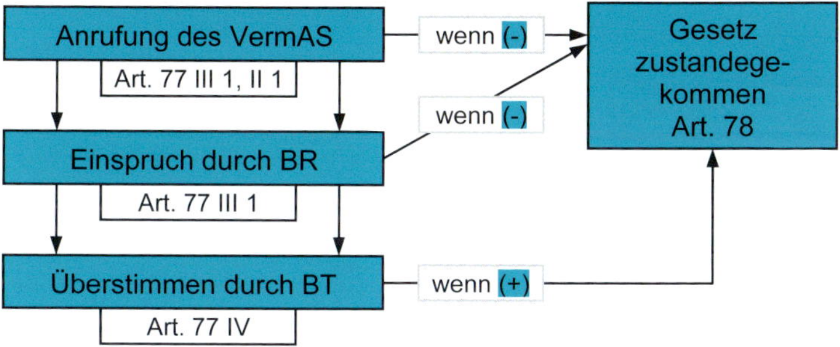

Wie vollzieht sich im Einzelnen die Mitwirkung des Bundesrates bei Einspruchsgesetzen?

↳ StaatsR II, Rn. 40, 189

Richtiges Verfahren = **Bund-Länder-Streit** vor BVerfG

Art. 93 I Nr. 3 GG, §§ 13 Nr. 7, 68 ff. BVerfGG

→ Jedoch nur zulässig, wenn vorher Bundesrat angerufen, Art. 84 IV S. 1

Welcher Rechtsbehelf steht den Ländern gegen ein Aufsichtsmittel der Bundesregierung i.R.d. Art. 84 GG zu?

Zweites Wiederholen ("kleine Strafrunde"):
Beschäftigen Sie sich am Tag nach Stufe 2 mit dem "unvollständig Gelernten". In der Klausur wäre der Stoff noch nicht abrufbar. Machen Sie sich bewusst, warum der Problemkreis nicht beherrscht wird. Lesen Sie gezielt noch mal in unseren Produkten nach und schaffen Sie sich hierdurch die Basis zum Verstehen.
Machen Sie sich kurze Notizen und Verweise.

- ✔ **Nach der zweiten Wiederholung wird die Karteikarte zurück auf Stufe zwei einsortiert und unterliegt dort am nächsten Tag nochmals einer Kontrolle. Durch diese Lernmethode widmen Sie den Problemkreisen, die Sie nicht auf Anhieb verstehen, von Anfang an mehr Zeit. So kommen sie über den Umweg 3 und noch mal Stufe 2 zu Stufe 4.**

↳ Life&Law Heft 3/2000, S. 190 ff.

Anforderungen an salvatorische Klauseln

(1) formelles Gesetz wg. Budgetrecht des Parlaments

(2) Vorrang der Bestandsgarantie: Gesetz muss vorsehen, dass in Härtefällen Eingriff unterbleibt, Entschädigung nur sekundär.

(3) Behörde muss über Maßnahme und Entschädigung gleichzeitig entscheiden

Welche Anforderungen sind nach h.M. an salvatorische Klauseln (soweit diese zulässig sind) zu stellen?

Wirkung salvatorischer Klauseln

I/S-Bestimmung

Klausel kann nach dem Prinzip der ausgleichspflichtigen I/S-Bestimmung Verhältnismäßigkeit herbeiführen

Jedoch überprüfen, ob Bestimmtheitsgrundsatz gewahrt

Enteignung

Klausel genügt nicht Anforderungen des Art. 14 III 2 GG: Gesetzgeber muss genau bestimmen, wann Enteignung vorliegt

Denn: nach Finalitätskriterium abstrakt/ generelle Abgrenzung möglich

Können sog. „salvatorische Klauseln“ die Rechtmäßigkeit eines Eingriffs in Art. 14 GG herbeiführen?

Salvatorische Klauseln

Gesetzliche Regelungen, die eine Entschädigung für den Fall vorsehen, dass das Gesetz „enteignende Wirkung" (o.ä.) hat.

Was sind sog. „salvatorische Klauseln“?

Rechtswidrige Enteignung = rechtswidriger Eigentumseingriff:
1. Anspruch aus Art. 14 III GG i.V.m. Spezialgesetz analog, wenn rechtswidrige Anwendung des Gesetzes (aber wohl auch hier Vorrang des Primär-RS)
2. Wenn Enteignung rw., da kein verfassungsgem. Enteignungsgesetz, Anspruch aus enteignungsgleichem Eingriff! Aber Vorrang des Primärrechtsschutzes!

Woraus ergibt sich ein Entschädigungsanspruch bei einer rechtswidrigen Enteignung?

Ausgleichspflichtige I/S-Bestimmung		Enteignungsgleicher Eingriff
Frage der Rechtmäßigkeit eines Inhalts- und Schrankengesetzes	⟷	Rechtswidriger Eigentumseingriff
Dann, wenn I/S-Gesetz nur bei Gewährung eines Geldausgleiches (im Gesetz selbst) verhältnismäßig ist.		Führt zu einem einklagbaren Anspruch (vgl. KK Nr. 81)
Anspruch nur, wenn gesetzlich geregelt		

Wie sind ausgleichspflichtige Inhalts- und Schrankenbestimmungen und ein Anspruch aus enteignungsgleichem Eingriff abzugrenzen?

StaatsR I, Rn. 305

Nassauskiesungsbeschluss

kein „dulden und liquidieren"

d.h.: Anspruch aus enteignungsgl. Eingriff **nur**, wenn vorher in zumutbarer Weise Primärrechtsschutz gegen Eingriffsakt in Anspruch genommen

Grundlage:

§ 254 BGB analog, nach a.A. § 839 III BGB analog

Welche Bedeutung kommt dem Prinzip „dulde und liquidiere“ innerhalb von Art. 14 GG zu?

↳ Staats-/VerfR: Karteikarte Nr. 45

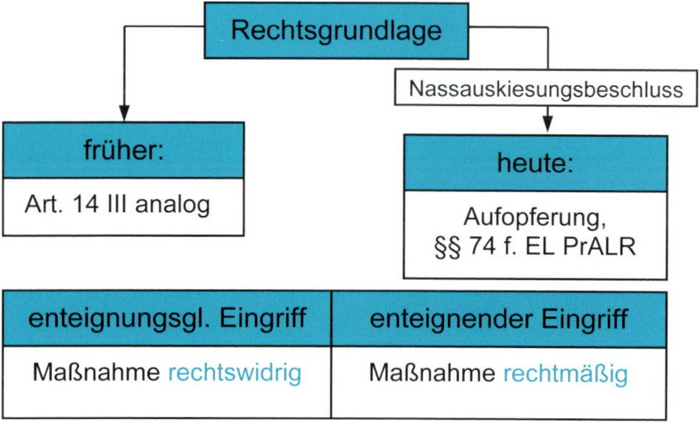

Worin liegt der Unterschied zwischen enteignendem und enteignungsgleichem Eingriff? Auf welche Rechtsgrundlage sind Ansprüche hieraus zu stützen?

↳ StaatsR I, Rn. 299 ff.

III. Schranke

vgl. KK Nr. 79 ←

1. Formelle Verfmk. des Gesetzes
2. Materielle Verfmk. des Gesetzes
3. Subsumtion des Einzelaktes unter das Gesetz

IV. Schranken-Schranke

1. Verhältnismäßigkeit des Gesetzes
2. Verhältnismäßigkeit des Einzelaktes

Wann ist eine Administrativenteignung verfassungsgemäß?

StaatsR I, Rn. 299 ff.

III. Schranke

1. Formelle Verfmk. des Gesetzes
2. Materielle Verfmk. des Gesetzes

Art. 14 III:
- a) Gesetz sieht Entschädigung vor
- b) Gesetz nennt Eingriffszweck
- c) Zweck dient Allgemeinwohl

Bestimmtheit etc. ←
- d) mat. Verfmk. im Übrigen: wegen Art. 19 IV GG nur subsid. ggü. Administrativentscheid.

IV. Schranken-Schranke

1. Verhältnismäßigkeit
2. Art. 19 II GG gilt **nicht**

Unter welchen Voraussetzungen stellt eine Legalenteignung einen zulässigen Eingriff in das Eigentumsgrundrecht dar?

durch Gesetz

↳ Staats-/VerfR: Karteikarte Nr. 43

Finalität:
Gesamtbetrachtung

eher Inhalts- und Schrankenbestimmung	eher Enteignung
• **Regelung generell-abstrakt**	• Regelung konkret-individuell
• **kein gezielter Zugriff**	• dolus directus
• **Schwerpunkt in zukünftiger Regelung**	• **Schwerpunkt** liegt in Güterbeschaffung in Gegenwart

Wann ist ein Eingriff „final“ in diesem Sinne?

StaatsR I, Rn. 290 f.; Basics ÖR, Rn. 212 ff.

Abgrenzungskriterien bei Art. 14 GG

früher:

quantitativ

BVerwG	BGH
Sonderopfertheorie	Schweretheorie

Intensität maßgeblich (minus)

heute:

BVerfG: qualitativ

Intensität des Eingriffs **kein** relevantes Kriterium; typologische Unterscheidung nach Finalität: finaler Eingriff in Form einer Güterbeschaffung = Enteignung (aliud)

Welche Ansichten wurden zur Abgrenzung Inhalts- und Schrankenbestimmung / Enteignung vertreten? Welches Kriterium stellt das BVerfG auf?

Art. 14 GG

↳ Staats-/VerfR: Karteikarte Nr. 42 ; Basics ÖR, Rn. 208 ff.

Eigentum i.S.v. Art. 14 GG

(+)	(-)
• Sacheigentum	• Vermögen als solches
• **private** Vermögensrechte wie Forderungen und Rechte (auch: Besitz)	• **rechtswidrig** erlangte Vermögensvorteile
• **öffentl.-rechtl**. Positionen, soweit Äquivalent eigener Leistung	• bloße **Erwerbsaussichten**

Welche Positionen werden vom Eigentumsbegriff des Art. 14 GG erfasst?

Art. 10 GG

↳ Staats-/VerfR: Karteikarte Nr. 37

Briefgeheimnis		Postgeheimnis
Schutz des Briefverkehrs **außerhalb** des **Postbereichs**	⟷	Schutz des **durch die Post vermittelten** Verkehrs
Nur schriftliche Mitteilungen, die mündlichen Verkehr ersetzen		Alle der Post übergebenen Sendungen

Wie sind die Schutzbereiche des Brief- und des Postgeheimnisses i.S.v. Art. 10 I GG voneinander abzugrenzen?

↳ StaatsR I, Rn. 281

Durchsuchung

Zielgerichtetes Suchen nach Personen / Gegenständen (durch staatl. Organe)

Gefahr im Verzuge

Einholung einer vorherigen richterlichen Anordnung würde Durchsuchungserfolg gefährden

Was versteht man unter einer Durchsuchung i.S.v. Art. 13 II GG?
Wann ist „Gefahr im Verzuge“?

StaatsR I, Rn. 280

Eingriffe in Art. 13 GG

Jedes Eindringen in den geschützten Bereich durch öffentl. Gewalt

Durchsuchung

⇨ Art. 13 II

Lauschangriff

⇨ Art. 13 III - VI

sonstige

⇨ Art. 13 VII

Vor welchen Eingriffen schützt Art. 13 GG?

Art. 13 GG

↳ StaatsR I, Rn. 279

Wohnung i.S.v. Art. 13 I GG

allgemein:

- Raum
- der allgemeinen Zugänglichkeit durch Abschottung entzogen
- Stätte des privaten Lebens und Wirkens

Beispiele:

- Privatwohnung samt Nebenräumen (z.B. Keller)
- Geschäfts- und Betriebsräume

Wie ist der Begriff der „Wohnung“ i.S.v. Art. 13 I GG auszulegen?

↳ Staats-/VerfR: Karteikarte Nr. 41

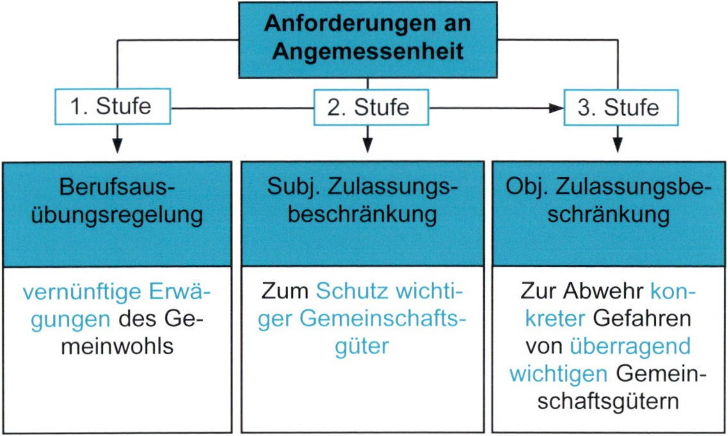

Unter welchen Voraussetzungen sind Eingriffe in die Berufsfreiheit verhältnismäßig i.e.S. (= angemessen)? oder legitimer Zweck

Art. 12 GG

Basics ÖR, Rn. 198

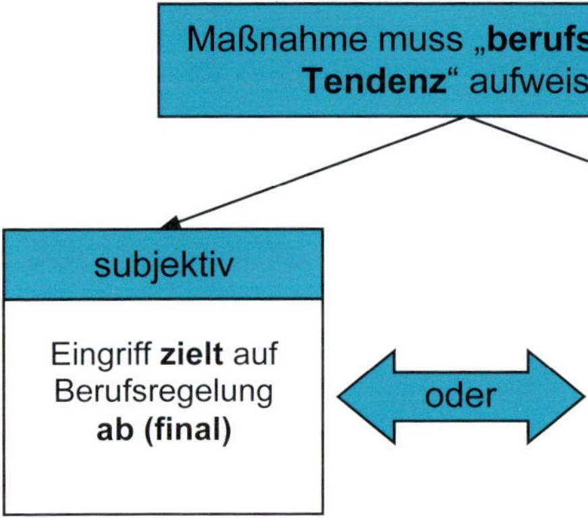

Was setzt das Vorliegen eines Eingriffs in die Berufsfreiheit allgemein voraus?

↳ Staats-/VerfR: Karteikarte Nr. 39 ; Basics ÖR, Rn. 195

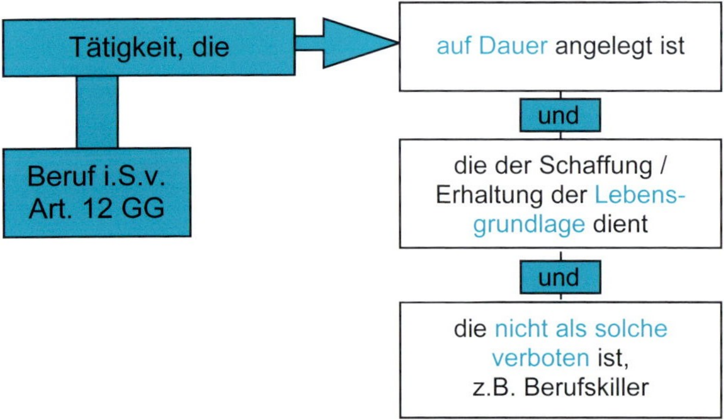

Welche Bedeutung hat der Begriff „Beruf“ i.S.v. Art. 12 GG?

↳ Staats-/VerfR: Karteikarte Nr. 38

Freizügigkeit

= Recht, an einem Ort innerhalb der Bundesrepublik Wohnsitz oder Aufenthalt von gewisser Dauer zu nehmen + Mitnahme der persönl. Habe

positiv

auch Einreise; **nicht** Ausreise: Endpunkt muss in BRD liegen

negativ

Recht, Ortswechsel **nicht** vorzunehmen

Welche Tätigkeiten schützt Art. 11 I GG?

↳ Staats-/VerfR: Karteikarte Nr. 38

Nein, Art. 10 I GG (Fernmeldegeheimnis) schützt die elektromagnetische Übermittlung, z.B.: Abhören von **Telefongesprächen**. Die genannten Eingriffe sind jedoch an Art. 13 GG zu messen („**Lauschangriff**“). Nach der Rspr. des BVerfG sind solche Eingriffe nur unter sehr restriktiven Voraussetzungen zulässig, intime Gespräche mit engen Verwandten dürfen bspw. nicht abgehört werden, da auch Art. 1 I GG betroffen ist.

Unterfällt die staatliche Überwachung von Gesprächen durch Richtmikrophone oder Wanzen dem Schutzbereich des Art. 10 I GG?

Art. 10 I GG als Abwehrrecht **gegen** den Staat

Keine unmittelbare Wirkung gegenüber **privaten** Unternehmen; anders wegen Art. 1 III GG, wenn vom Staat beherrschtes Unternehmen des Privatrechts

Schutz der Telekommunikationsunternehmen **selbst** vor staatl. Eingriffen (+)

Was ist im Hinblick auf private Telekommunikationsunternehmen sowie auf die Post AG zu beachten?

Art. 10 GG

↳ Staats-/VerfR: Karteikarte Nr. 37

Fernmeldegeheimnis

Rundfunkfreiheit

Schutz der Informationsübermittlung durch **elektromagnetische Wellen**

Fernmeldegeheimnis: Schutz nur der **individuellen** Kommunikation

Rundfunkfreiheit: Informationen sind an **unbestimmte Vielzahl** von Personen gerichtet

Worin liegt der Unterschied zwischen dem Fernmeldegeheimnis (Art. 10 I GG) und der Rundfunkfreiheit (Art. 5 I S. 2 GG)?

Art. 9 GG

↳ Staats-/VerfR: Karteikarte Nr. 36

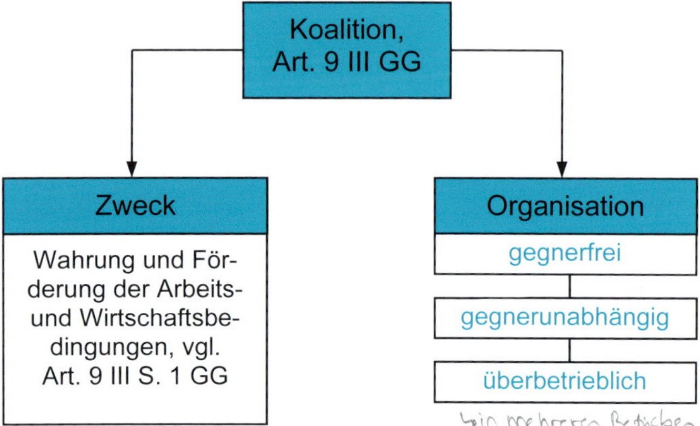

=in mehreren Betrieben repräsentiert

Unter welchen Voraussetzungen ist von einer Koalition i.S.v. Art. 9 III GG auszugehen?

StaatsR I, Rn. 250 ; Basics ÖR, Rn. 192

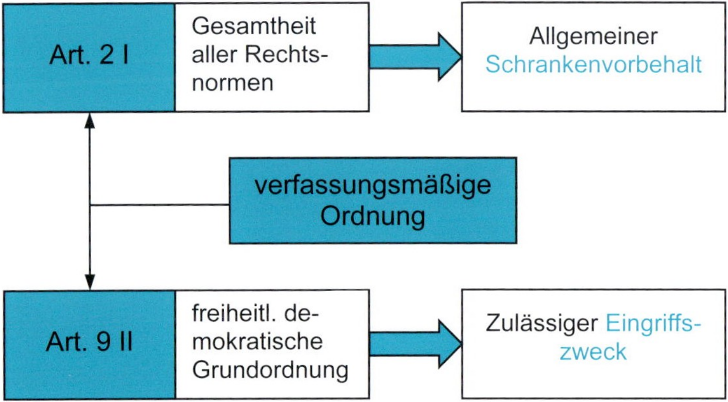

Unterliegt Art. 9 I GG wie Art. 2 I GG wegen der Verweisung auf die „verfassungsmäßige Ordnung" in Art. 9 II GG einem allgemeinen Schrankenvorbehalt?

StaatsR I, Rn. 236

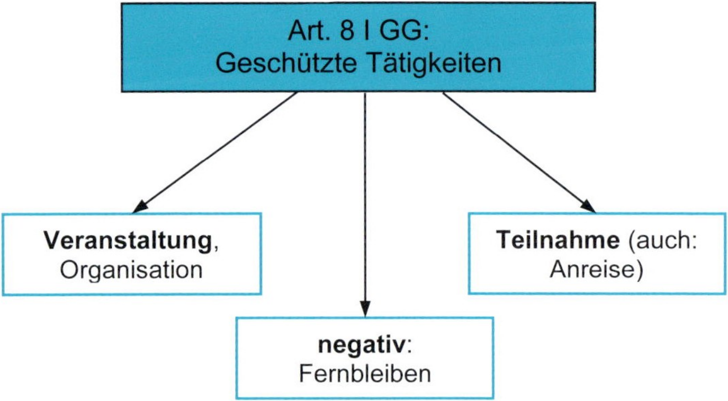

Welche Tätigkeitsbereiche schützt Art. 8 I GG?

↳ Staats-/VerfR: Karteikarte Nr. 35 ; Basics ÖR, Rn. 179

Versammlung

Teilnehmerzahl

Jedenfalls drei ausreichend; str., ob schon bei zwei Teilnehmern Versammlung, BVerfG (+)

Gem. Zweck

h.M.: kommunikativer Zweck erforderlich; (+), wenn auf Meinungsbildung oder -äußerung gerichtet

Wie ist „Versammlung" i.S.v. Art. 8 I GG zu definieren?

↳ Basics ÖR, Karteikarte Nr. 16

Kunstbegriff

weite Auslegung

formal	materiell	offen
künstlerische Betätigung eines bestimmten Werktyps (z.B. Gemälde)	freie schöpferische Gestaltung; dadurch Ausdruck von Erfahrungen, Eindrücken des Künstlers	künstlerische Äußerung, die vielstufiger Interpretation zugänglich ist

Was ist unter Kunst i.S.v. Art. 5 III GG zu verstehen?

↳ Staats-/VerfR: Karteikarte Nr. 31 ; Basics ÖR, Rn. 167 f.

Sonderrechtslehre	allgemeines Gesetz	Abwägungslehre
Gesetz darf Meinung nicht als solche verbieten, muss also alle Meinungen gleich behandeln		Gesetz schützt Rechtsgut, das Vorrang vor Meinungsfreiheit hat

BVerfG:

Kombination:	nicht gegen Meinungsäußerung als solche oder gegen eine bestimmte Meinung gerichtet **und** Schutz eines höherrangigen Rechtsgutes

Was ist dann unter einem allgemeinen Gesetz zu verstehen?

↳ StaatsR I, Rn. 208 ; Basics ÖR, Rn. 163

Rundfunk

An unbestimmte Vielzahl von Personen gerichtete Übermittlung von Gedankeninhalten durch elektromagnetische Wellen

damit geschützt:

Hörfunk, Fernsehen, Videotext, Internet-Seiten

Wie ist Rundfunk i.S.v. Art. 5 I S. 2 Alt. 2 GG zu definieren?

↳ Basics ÖR, Rn. 161

Pressefreiheit

Definition Presse

Alle zur **Verbreitung** geeigneten und bestimmten **Druckerzeugnisse** unabhängig von Inhalt (a.A. restriktiver Pressebegriff)

Tätigkeit

Von der Informationsbeschaffung bis zur Verbreitung des Erzeugnisses (weit auszulegen)

Wie weit reicht der Schutzbereich der Pressefreiheit?

↳ Staats-/VerfR: Karteikarte Nr. 30

Informationsquelle muss

- technisch geeignet und bestimmt sein,
- der Allgemeinheit

(nicht einem individuell bestimmbaren Personenkreis) Informationen zu beschaffen, der eröffneten Quelle ist die verfassungswidrig verschlossene Quelle gleichzustellen

Wann ist eine Informationsquelle allgemein zugänglich i.S.v. Art. 5 I S. 1 GG?

Staats-/VerfR: Karteikarte Nr. 40

Eingriffsarten bei Art. 12 I GG

1. Stufe	2. Stufe	3. Stufe
Berufsausübungsregelung	**Subj. Zulassungsbeschränkung**	**Obj. Zulassungsbeschränkung**
Betrifft nur Ausübung, nicht Aufnahme der Tätigkeit	Berufsausübung wird von pers. Eigenschaften abhängig gemacht	Knüpft an Umstände an, die außerhalb der Person liegen

Welche drei Eingriffsarten liegen der sog. Dreistufentheorie zugrunde?

Nennen Sie weitere wichtige Aufgaben des Bundespräsidenten!

Weitere Aufgaben des BP

- Ernennung von BK (Art. 63), BMi (Art. 64) und Bundesbeamten (Art. 60)
- Gnadenrecht, Art. 60 II
- Auflösung des BT, Art. 63 IV S. 3, Art. 68
- Völkerrechtl. Repräsentation, Art. 59
- Ausfertigung von Gesetzen, Art. 82

Wie wird der Bundeskanzler gewählt?

StaatsR II, Rn. 227 ff.; Basics ÖR, Rn. 283

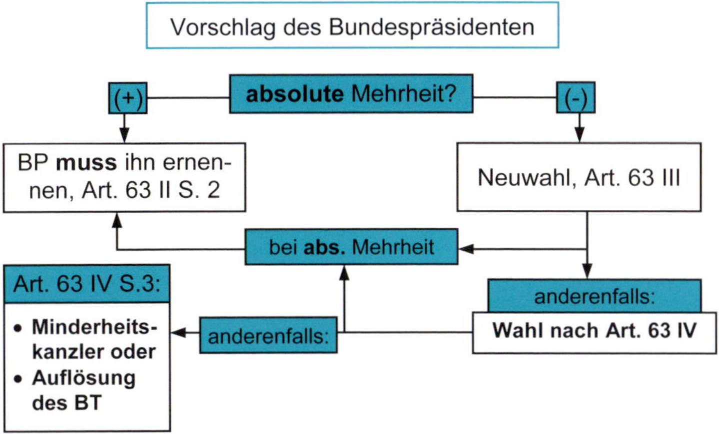

Welche drei Prinzipien der Regierungsarbeit lassen sich Art. 65 GG entnehmen?

↳ Staats-/VerfR: Karteikarte Nr. 99

Art. 65 GG

Kanzlerprinzip	Richtlinienkompetenz ggü. Ministern
Ressortprinzip	Selbständige Wahrnehmung der Aufgaben durch BMi innerhalb der Richtlinien
Kollegialprinzip	Bei ressortübergreifenden Fragen entscheidet BReg. als Kollegialorgan

Wie kann vor Ablauf der Legislaturperiode ein Regierungswechsel erreicht werden?

Staats-/VerfR: Karteikarte Nr. 100

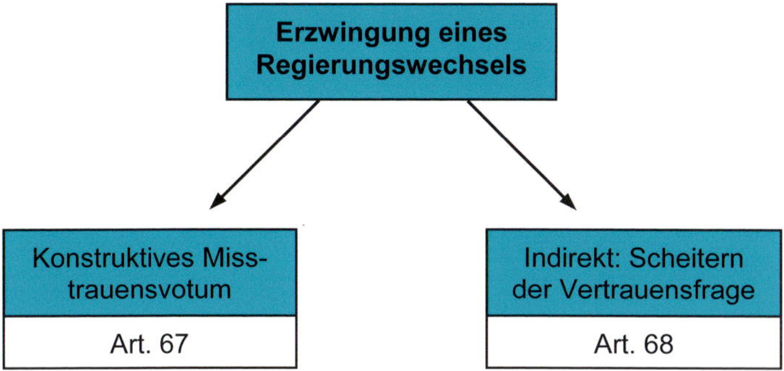

Kann die Mitgliedermehrheit im Bundestag in Abstimmung mit dem Bundeskanzler die Auflösung des Bundestages herbeiführen?

↳ StaatsR II, Rn. 239

Bundestag hat **kein** Selbstauflösungsrecht, würde Art. 39 I GG zuwiderlaufen

→ Jedoch missbräuchliches Stellen der Vertrauensfrage durch BK und Versagung des Vertrauens durch BT-Mehrheit denkbar

→ **Deshalb Prüfungsrecht des BP:**

In Missbrauchsfällen darf BT **nicht** aufgelöst werden (Problem: Wann Missbrauch? BVerfG: großer Beurteilungsspielraum des BK)

Welche sind die drei Hauptfunktionen des Bundestages?

↳ Staats-/VerfR: Karteikarte Nr. 103; Basics ÖR, Rn. 302 ff.

Bundestag

Kreationsfunktion

(Mit-)Bestellung der anderen obersten Staatsorgane (ausgenommen BR), dadurch **demokr. Legitimation**

Gesetzgebung

vgl. Gesetzgebungsverfahren

Kontrollfunktion

Kontrolle der übrigen Staatsorgane zur Verwirklichung des Demokratieprinzips

Welche Kontrollmöglichkeiten stehen dem Bundestag im Einzelnen zu?

StaatsR II, Rn. 265

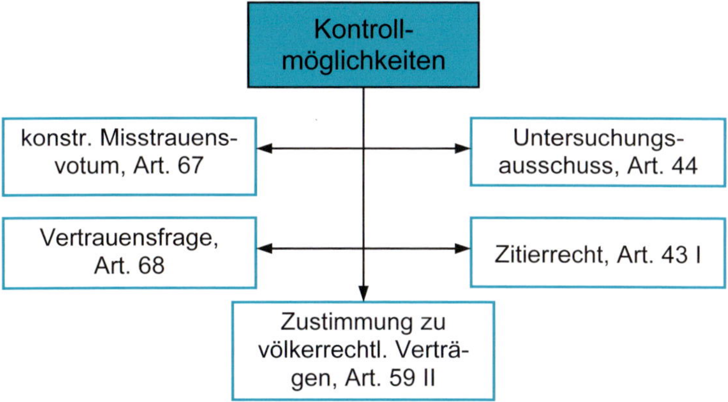

Welches Wahlsystem liegt der Wahl zum Bundestag zugrunde?

Staats-/VerfR: Karteikarte Nr. 101

Wahlsystem
GG legt sich nicht fest

↓

§§ 1 ff. BWG:
„personalisierte Verhältniswahl“

Verhältniswahl

Zusammensetzung des BT bestimmt sich nach Verhältnis der auf die jew. Listen entfallenden Stimmen

Mehrheitswahl

In BT ziehen Abgeordnete ein, die in den Wahlkreisen die meisten Stimmen erlangen

Mischung beider Systeme:

- **Erststimme**: Direktkandidat im Wahlkreis wird bestimmt
- **Zweitstimme**: legt Anzahl der Sitze im BT fest

Welche Wahlrechtsgrundsätze gelten nach Art. 38 I S. 1 GG bei der Bundestagswahl? Erläutern Sie diese!

Staats-/VerfR: Karteikarte Nr. 102; StaatsR II, Rn. 248 ff.

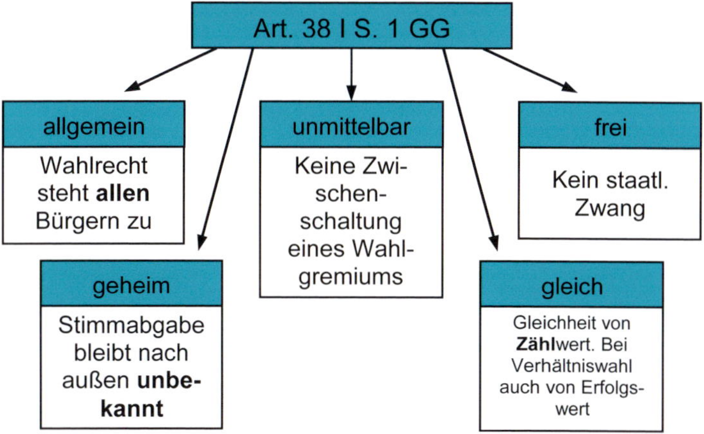

Was ist unter der 5 %-Sperrklausel zu verstehen? Steht diese im Einklang mit dem Prinzip der Gleichheit der Wahl?

StaatsR II, Rn. 258

Sperrklausel, § 6 III S. 1 BWG	Bei Sitzverteilung werden Parteien nur ab erreichten 5 % berücksichtigt.

Gleichheit der Wahl Art. 38 I S. 1 GG:

Gleichheit des **Erfolgswertes** (-), da Zweitstimmen bei Kleinparteien somit nicht berücksichtigt

→ Dennoch wohl Regelung zulässig, da Ungleichbehandlung wg. sachl. Grund gerechtfertigt:
Effektivität des Parlaments durch Vermeidung von Splitterparteien (a.A. vertretbar, 5 % zu hoch)

Wäre eine weitere Erhöhung der Sperrklausel, etwa auf 8 %, zulässig?

Erhöhung der Sperrklausel wäre Verschärfung der Ungleichheit des Erfolgswertes, s.o.

sachl. Grund dafür (-), da bislang geltende 5 % Effektivität sicherstellen konnten!

wegen Änderung der Rechtslage weggefallen

↳ StaatsR II, Rn. 258

Welche verschiedenen Arten von Mehrheiten sieht das Grundgesetz für die Abstimmung im Bundestag vor?

Staats-/VerfR: Karteikarte Nr. 104

Arten von Mehrheiten nach dem GG

Einfache Mehrheit
= Mehrheit d. abgeg. Stimmen; **Regelfall**, Art. 42 II S. 1

Mitgliedermehrheit
⇨ **Art. 121**; z.B. bei Art. 63 II, 67, 68

Qualif. Abstimmungsmehrheit
z.B. $^2/_3$ bei Art. 42 I S. 2

Qualif. Mitgliedermehrheit
z.B. $^2/_3$, Art. 79 II

Doppelt qualif. Abstimmungsm.
⇨ z.B. Art. 77 IV S.2: $^2/_3$ der Stimmen, mind. Mitgliedermehrheit

So lernen Sie richtig mit der Hemmer-Box:

1. Verstehen:	Haben Sie den gelesenen Stoff verstanden, wandert die Karte auf Stufe 2., Wiederholen am nächsten Tag.
2. Wiederholen:	Haben Sie den Stoff behalten, wandert er von Stufe 2. zu Stufe 4.
3. kleine Strafrunde:	Konnten Sie den Inhalt von 2. nicht exakt wiedergeben, arbeiten Sie die Themen bitte noch einmal durch.
4. fundiertes Wissen:	Wiederholen Sie die hier einsortierten Karten nach 1 Woche noch einmal. Konnten Sie alles wiedergeben? Dann können Sie vorrücken zu Stufe 5.
5. Langzeitgedächtnis:	Wiederholen Sie auf dieser Stufe das Gelernte im Schnelldurchlauf nach einem Monat. Sollten noch Fragen offen bleiben, gehen sie bitte eine Stufe zurück.

Verstehen:

Bevor Sie beginnen, schaffen Sie sich eine geeignete Lernatmosphäre (Mood: Einstimmen). Lesen sie die Karteikarte zunächst dahingehend, dass Sie sie verstehen. „Kartenfresserei" rentiert sich nicht. Wachstum als Jurist heißt Auseinandersetzung mit Problemfeldern. So lernt nur derjenige richtig, der Gehörtes oder Gelesenes auch verstanden hat. Schaffen Sie sich Verständnis, indem sie zunächst das Problem definieren (Problem erkannt, Gefahr gebannt). Fragen Sie sich auch, was der Grund für eine Regelung ist.

Machen Sie sich bewusst, dass das Kurzzeitgedächtnis nur 7-9 Sinneseinheiten abspeichert. Über die Strukturierung der Karteikarte gelingt es Ihnen, mehr abzuspeichern.

✔ **Sie haben sich jetzt bemüht, den gelesenen Stoff zu verstehen und damit den ersten wesentlichen Schritt des Lernens gemeistert.**
Sortieren Sie jetzt die Karteikarte unter Stufe 2 Wiederholen ein.

Gefahr Vergessen: In der Regel wird das Gelernte innerhalb 24 Stunden bis zu 70 % wieder vergessen. Daher ist es wichtig, das Gelernte auf Stufe 2 am nächsten Tag zu wiederholen, bevor Sie sich neue Karteikarten vornehmen.

Was ist unter einer Prozessstandschaft zu verstehen? Inwieweit ist diese vor dem BVerfG zulässig?

Prozess-standschaft

Partei macht **fremdes** Recht in **eigenem** Namen geltend

Im Verfas-sungsprozess grds. **unzulässig**

Gesetzl. Ausnahme im Organ-streit seitens des Antragstellers: § 64 BVerfGG

Wovon hängt die Einordnung einer Normenkontrolle als abstrakt oder konkret ab?

Abstrakte Normenkontrolle

↳ StaatsR II, Rn. 15; Basics ÖR, Rn. 19

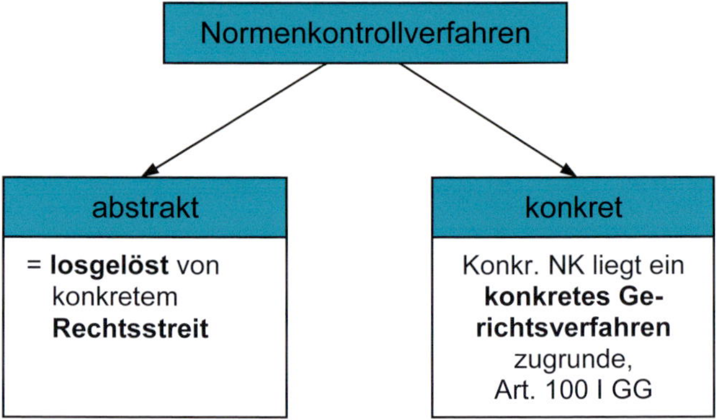

Was ist demgegenüber unter einer prinzipalen und einer inzidenten Normenkontrolle zu verstehen?
Wie sind hierbei abstrakte und konkrete Normenkontrolle einzuordnen?

prinzipale NK ⟷ **inzidente NK**

prinzipale NK

Verfahren zielt direkt auf Überprüfung einer Norm ab

- abstrakte, konkrete Normenkontrolle
- § 47 VwGO

inzidente NK

Norm wird innerhalb eines Rechtsstreits mitüberprüft

wg. Normverwerfungsmonopol des BVerfG nur bei **nicht-förmlichen** oder **vorkonst.** Gesetzen mit Inzidentverwerfungsrecht der Gerichte (z.B.: BPlan)

Wie ist die Zulässigkeit einer abstrakten Normenkontrolle zu prüfen?

↳ StaatsR II, Rn. 16 ff.

Zulässigkeit der abstrakten Normenkontrolle

I. Antragsberechtigung	⇨ Art. 93 I Nr. 2 GG, vgl. auch Nr. 2a, II
II. Verfahrensgegenstand	
III. Antragsgrund	Zweifel oder für nichtig halten?
IV. Klarstellungsinteresse	selten problematisch
V. Form	keine Frist

Muss der Antragsteller bei einer abstrakten Normenkontrolle eine Verletzung eigener Rechte geltendmachen? Was ist stattdessen als „Antragsgrund“ zu fordern?

Abstrakte Normenkontrolle

↳ StaatsR II, Rn. 19 f.; Basics ÖR, Rn. 23

Geltendmachung subj. Rechtsverletzung	Bei abstr. Normenkontrolle als „objektives Beanstandungsverfahren“ **nicht** erforderlich
⇕	
Antragsgrund	Art. 93 I Nr. 2 GG: Meinungsverschiedenheiten/Zweifel genügen; § 76 I Nr. 1 BVerfGG **zu eng** gefasst („für nichtig halten“), str.

Was kommt als Verfahrensgegenstand bei einer abstrakten Normenkontrolle in Betracht?

↳ Staats-/VerfR: Karteikarte Nr. 53

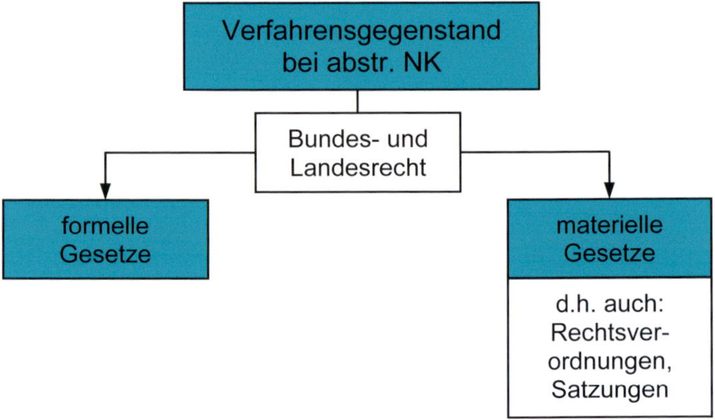

Was spricht gegen die Zulassung vorbeugender Normenkontrollen? Welche Ausnahme hiervon kennen Sie?

Abstrakte Normenkontrolle

↳ Staats-/VerfR: Karteikarte Nr. 53

Gesetz muss grds. **ausgefertigt** und **verkündet** sein	• Gewaltenteilung Art. 20 II • BVerfG nimmt typischerweise **repressive** Kontrolle vor • vor Ausfertigung fehlt sachl. Grundlage für Entscheidung
↓	
Ausnahme:	**Zustimmungsgesetz** zu völkerrechtl. Vertrag (Art. 59 II GG), da ansonsten Schaffung irreversibler völkerrechtlicher Zustände

Können völkerrechtliche Verträge Gegenstand einer abstrakten Normenkontrolle sein? Was gilt hinsichtlich sekundären Unionsrechts?

↳ StaatsR II, Rn. 18

Verfahrensgegenstand bei abstr. NK

Problemfälle:

völkerrechtl. Verträge

(-), da kein Bundes-/ LandesR; jedoch Zustimmungsgesetz als formelles Gesetz überprüfbar, Besonderheit: Präventive Kontrolle!

sek. Unionsrecht

Bei unmittelbarer Anwendbarkeit grds. möglich, allerdings „Solange"-Rechtspr.: wohl nur Kontrolle, ob schwerwiegende und evidente ultra-vires-Handlung

Was ist Prüfungsmaßstab bei einer abstrakten Normenkontrolle nach Art. 93 I Nr. 2 GG?

Abstrakte Normenkontrolle

↳ StaatsR II, Rn. 23

Prüfungsmaßstab

Art. 93 I Nr. 2 GG

Bundesrecht

⇨ Maßstab = Verfassung

Landesrecht

⇨ Maßstab = Verfassung und sonstiges Bundesrecht

Inwiefern ist eine Rechtsverordnung des Bundes i.R.d. abstrakten Normenkontrolle auf ihre Vereinbarkeit mit der Ermächtigungsgrundlage zu überprüfen?

Abstrakte Normenkontrolle

StaatsR II, Rn. 23

Überprüfung einer BundesRVO

Bei Bundesrecht ist Maßstab nur das Grundgesetz, keine Prüfung anhand sonstigen Bundesrechts!

Aber: Vereinbarkeit mit Ermächtigungsgrundlage schreibt Art. 80 GG vor

Daher Prüfung der Vereinbarkeit mit dieser und der Verfassungsmäßigkeit der Ermächtigungsgrundlage

Welche Entscheidung kann das BVerfG
bei Begründetheit der abstrakten Normenkontrolle
außer der Nichtigerklärung nach
§ 78 S. 1 BVerfGG treffen?
Wann wird es hiervon Gebrauch machen?

↳ StaatsR II, Rn. 24

„Unvereinbarerklärung"

Unvereinbarkeit mit Prüfungsmaßstab wird festgestellt, Norm bleibt wirksam

Gestaltungsspielraum des Gesetzgebers

v.a. bei Gleichheitsverstößen

Wenn Nichtigkeit verf.widrigen Zustand verstärken würde

Führt die Nichtigerklärung nach § 78 S. 1 BVerfGG zur Nichtigkeit der Norm ex tunc oder ex nunc?

Grundsatz: Rechtswidrige Normen sind **nichtig**

Daher Nichtigerklärung durch BVerfG **deklaratorisch**

Norm grds. **ex tunc** nichtig; Ausnahme: Verletzung des Gleichheitssatzes oder drohende Regelungslücke nicht hinnehmbar

Wie ist die Zulässigkeitsprüfung einer konkreten Normenkontrolle aufzubauen?

↳ StaatsR II, Rn. 26 ff.; Basics ÖR, Rn. 27

Zulässigkeit der konkreten Normenkontrolle

I. Vorlageberechtigung	Begriff des „Gerichts“
II. Vorlagegegenstand	
III. Vorlagebefugnis	• Überzeugung von Verfwk. • Entscheidungserheblichkeit
IV. Form	

Was ist Verfahrensgegenstand einer konkreten Normenkontrolle?
Woraus ergibt sich hierbei eine Einschränkung?

Konkrete Normenkontrolle

↳ Staats-/VerfR: Karteikarte Nr. 55; Basics ÖR, Rn. 29 f.

Formelle nachkonstitutionelle Gesetze

Ratio: Schutz des parl. Gesetzgebers

Bundesgesetze	Landesgesetze	Vorkonst. Gesetze
I.R.d. „Solange"-Rechtsprechung auch sek. Unionsrecht	Auch nur **form**. Gesetze, Wortlaut d. Art. 100 I S. 2 GG missverständlich	Nur, wenn durch Gesetzgeber (ausdr./konkludent) bestätigt

Was kommt als Prüfungsmaßstab bei der konkreten Normenkontrolle in Betracht?

Konkrete Normenkontrolle

↳ StaatsR II, Rn. 34

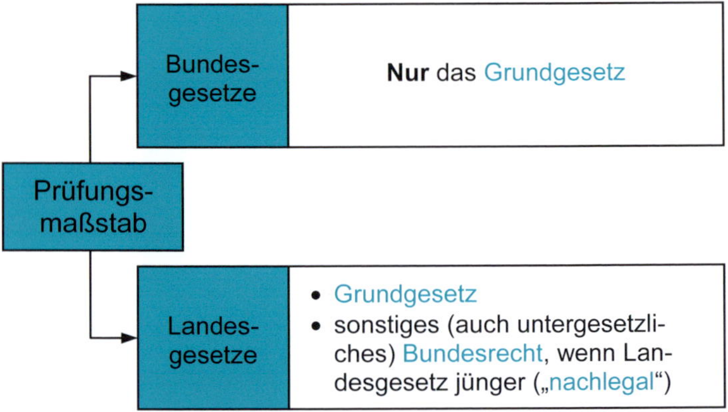

Wann ist ein Gericht vorlagebefugt?

↳ Staats-/VerfR: Karteikarte Nr. 56

Vorlagebefugnis

- Überzeugung von Unvereinbarkeit mit Prüfungsmaßstab (zuerst verfassungskonforme Auslegung)
- Entscheidungserheblichkeit

(+), wenn bei Nichtigkeit anderer Entscheidungs**tenor**

Bei **gleichem** Tenor (+), wenn andere Rechtskraftwirkung (z.B. Abweisung als unzulässig anstatt als unbegründet)

Was kommt als Streitgegenstand einer Bund-Länder-Streitigkeit i.S.v. Art. 93 I Nr. 3 GG in Betracht?

↳ Staats-/VerfR: Karteikarte Nr. 58

Streitgegenstand beim Bund-Länder-Streit

Wg. §§ 69, 64 BVerfGG: Maßnahme muss rechtserheblich sein, d.h.: geeignet, verfassungsrechtl. Bund-Länder-Verhältnis zu betreffen (Abgrenzung zu Art. 93 I Nr. 4 GG)

Differenzen bzgl.

- Akte der Legislative
- Vollzug der Gesetze durch Länder
- Gerichtsurteile (-) wg. Unabhängigkeit

In welchem Zusammenhang ist vor Durchführung eines Bund-Länder-Streites an ein „Vorverfahren" zu denken?

Bund-Länder-Streit

↳ StaatsR II, Rn. 40, 189

Grds. **kein** Vorverfahren vorgesehen

→

Ausnahme:
Art. 84 IV S. 1 GG

→

Gilt nur bei bundesaufsichtlichen Maßnahmen i.R.d. ländereigenen Verwaltung nach Art. 84 GG

Welche Streitigkeiten enthält Art. 93 I Nr. 4 GG?

Bund-Länder-Streit

↳ StaatsR II, Rn. 42 ff.

Art. 93 I Nr. 4 GG

Bund-Länder-Streit	Zwischenländer-Streitigkeit	Binnenländer-Streitigkeit
nicht-verfassungsrechtlich, sonst Art. 93 I Nr. 3 GG	zwischen zwei Bundesländern; verfassungs- **oder** nichtverfassungsrechtlich	länderinternes Organstreitverfahren

Warum kommt Art. 93 I Nr. 4 GG in der Praxis geringe Bedeutung zu?

Bund-Länder-Streit

↳ StaatsR II, Rn. 42 ff.

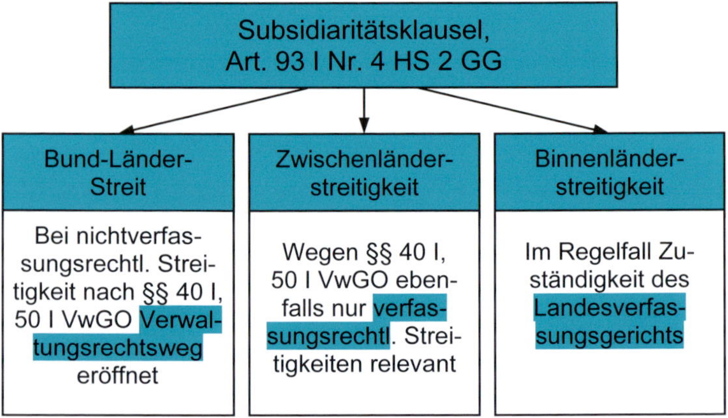

Welche sind die Zulässigkeitsvoraussetzungen einer einstweiligen Anordnung nach § 32 BVerfGG?

↳ StaatsR II, Rn. 46 ff.

Zulässigkeit der einstweiligen Anordnung

I. Statthaftigkeit	
II. Antrag	str., ob erforderlich
III. Antragsberechtigung	
IV. Rechtsschutzbedürfnis	• str., inwieweit Erfolgsaussichten • Vorwegnahme der Hauptsache

Für welche Verfahrensarten vor dem BVerfG ist ein Antrag auf einstweilige Anordnung nach § 32 BVerfGG statthaft?

Einstweilige Anordnung

StaatsR II, Rn. 46

§ 32 BVerfGG, Statthaftigkeit

Grds. für alle Verfahrensarten statthaft

aber subsidiär gegenüber:

- **§ 53 BVerfGG**: Präsidentenanklage
- **§ 58 I, 53 BVerfGG**: Richteranklage
- **§ 105 V BVerfGG**: Entlassung von Verfassungsrichtern

Ist für eine Anordnung nach § 32 BVerfGG
in jedem Falle ein Antrag erforderlich?

Einstweilige Anordnung — VerfProzR 47

↳ Staats-/VerfR: Karteikarte Nr. 60; StaatsR II, Rn. 47

Antragserfordernis

Kein Hauptverfahren anhängig

Antrag unstr. erforderlich; Tätigkeit ex officio wäre systemfremd

Hauptverfahren anhängig

Nach BVerfG v.a. zum Schutz privater Verfahrensbeteiligter Antrag unnötig

An welcher Stelle ist bei § 32 BVerfGG eine Überprüfung der Erfolgsaussichten in der Hauptsache vorzunehmen?

! Einstweilige Anordnung

↳ StaatsR II, Rn. 49 f.

Erfolgsaussichten in der Hauptsache

e.A.: Rechtsschutzbedürfnis (Zulässigkeit): Hauptsacheverf. nicht offensichtlich unzulässig und/oder unbegründet

! klausurtaktisch günstiger

a.A.:

- Rechtsschutzbed.: offensichtl. unzulässig?
- Begründetheit = Frage des Anordnungsanspruches (⇨ Begründetheit des Antrages)

Wie ist die Begründetheitsprüfung eines Antrages nach § 32 BVerfGG aufzubauen?

Einstweilige Anordnung

↳ Staats-/VerfR: Karteikarte Nr. 62

I. Anordnungsanspruch	→	Begründetheit in der Hauptsache (summarische Prüfung!), str., vgl. KK 48
II. Anordnungsgrund	→	§ 32 BVerfGG: schwere Nachteile, drohende Gewalt, anderer wichtiger Grund
III. Abwägung	→	vgl. nächste KK

Im Rahmen einer Abwägung ist festzustellen, ob die Anordnung zum gemeinen Wohl dringend geboten ist. Wie geht das BVerfG hierbei vor?

Einstweilige Anordnung

↳ Staats-/VerfR: Karteikarte Nr. 62; Basics ÖR, Rn. 73

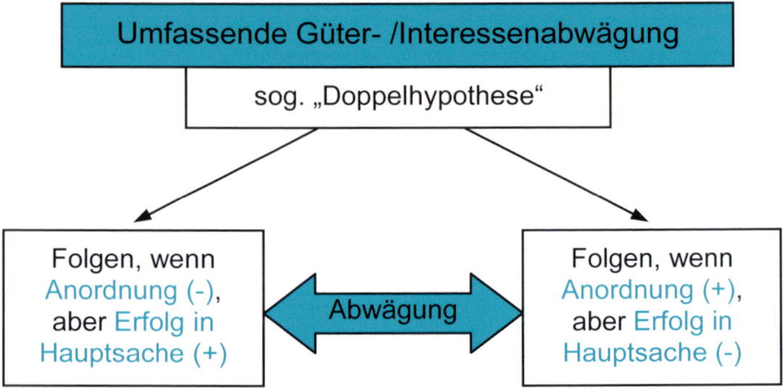

Wann liegt eine Vorwegnahme der Hauptsache vor?
Unter welchen Voraussetzungen ist sie ausnahmsweise zulässig?

↳ StaatsR II, Rn. 51

Vorwegnahme der Hauptsache → Antragsteller würde die gleichen Vorteile wie durch Hauptsache-Entscheidung irreversibel erreichen

zulässig, wenn

- Hauptsacheentsch. zu spät, kein anderweitiger Rechtsschutz **und**
- Erfolg in Hauptsache könnte schweren Nachteil nicht ausgleichen

Welche Staatszielbestimmungen des Grundgesetzes kennen Sie?

Staatszielbestimmungen

↳ StaatsR II, Rn. 63 ff.; Basics ÖR, Rn. 223

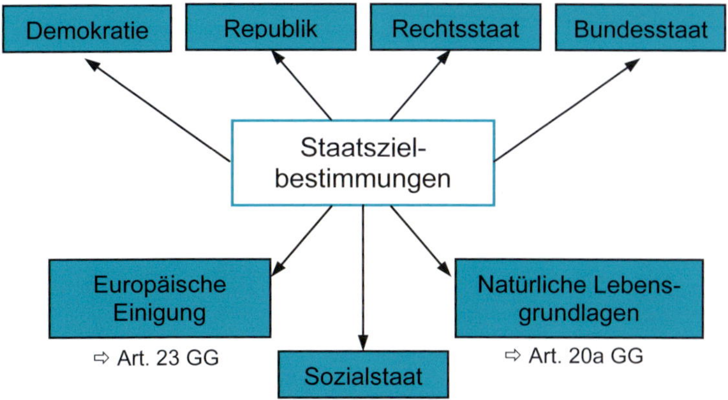

In welchen Vorschriften des Grundgesetzes ist das Sozialstaatsprinzip verfassungsrechtlich verankert?

Staatszielbestimmungen

↳ Staats-/VerfR: Karteikarte Nr. 63

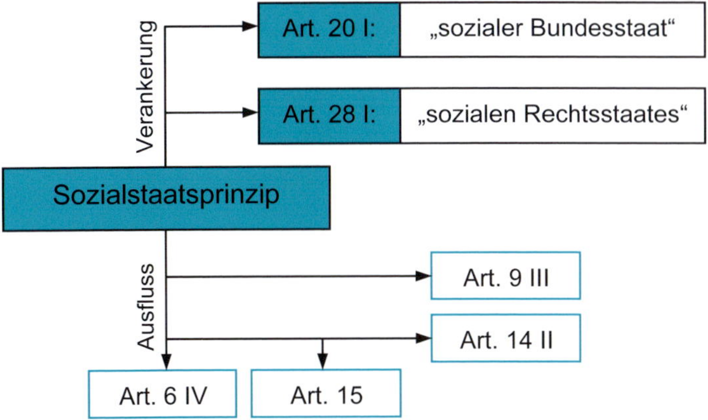

Welche Inhalte hat das Sozialstaatsprinzip?

Staats-/VerfR: Karteikarte Nr. 63 ; Basics ÖR, Rn. 245

Sozialstaatsprinzip

Soziale Gerechtigkeit

Abbau sozialer Unterschiede durch Gewährung ausreichender Güter zur angemessenen Lebensführung

Soziale Sicherheit

Einrichtungen zur Sicherung angemessener Lebensstandards, v.a. Daseinsvorsorge, Leistungsverwaltung

Inwieweit sind die drei Gewalten durch das Sozialstaatsprinzip gebunden?

↳ StaatsR II, Rn. 69 ff.

Gesetzgebung

Verbot unsozialer Gesetze; Pflicht zur Gewährleistung von Mindeststandards

→ weiter Ermessensspielraum!

Rechtsprechung, Verwaltung

nur ganz **ausnahmsweise** Anspruchsgrundlage des Bürgers; im Übrigen als Auslegungsregel zu beachten

Was ist unter einem Bundesstaat zu verstehen? Zwischen welchen beiden Formen staatlicher Gebilde steht dieser?

Staatszielbestimmungen

StaatsR II, Rn. 75

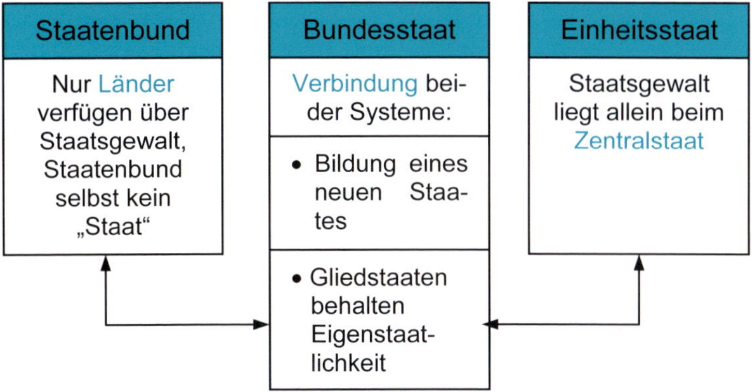

In welcher Weise führt das Grundgesetz die Verteilung der Staatsgewalt zwischen Bund und Ländern durch?

↪ Staats-/VerfR: Karteikarte Nr. 65

Grundsatz: Art. 30 GG

Regelzuständigkeit der Länder

Gesetzgebung	Art. 70 ⇨ Länder	Art. 73 ff.: Weitreichende Bundeskompetenzen
Verwaltung	Art. 83 ⇨ Länder	Art. 84 ff.: Kompetenz verbleibt i.d.R. den Ländern
Rechtsprechung	Art. 92: Bund + Länder gemeinsam	

Welche Möglichkeiten stehen dem Bund zu, die Erfüllung des Homogenitätsgebotes nach Art. 28 I S. 1 GG entsprechend Art. 28 III GG in den Ländern zu gewährleisten?

↳ Staats-/VerfR: Karteikarte Nr. 66

Art. 28 III GG

gibt selbst **keine** Befugnisse!

Art. 37

Bundeszwang (Zustimmung des Bundesrates erforderlich, h.M.)

Art. 91 II

Gefahr für freiheitl. demokr. Grundordnung (kaum jemals einschlägig)

BVerfG

Kontrolle Art. 28-widrigen Landesrechts: konkr./ abstr. NK; Bund-Länder-Streit

Was besagt der Grundsatz der Bundestreue?
In welchem Verhältnis findet er Anwendung,
wo sind seine Grenzen?

↬ Staats-/VerfR: Karteikarte Nr. 67

Bundestreue (bundesfreundl. Verhalten)

ungeschriebener Grundsatz: Verpflichtung zu wechselseitiger Rücksichtnahme

- Abstimmung und Koordination
- Information

Bund ggü. Länder | Länder ggü. Bund | zwischen Ländern

Grenze: Kompetenzordnung des GG; z.B. bei Länderkompetenz keine Verpflichtung bundeseinheitl. Regelung

In welchen Fällen findet Art. 31 GG Anwendung?

↬ StaatsR II, Rn. 84

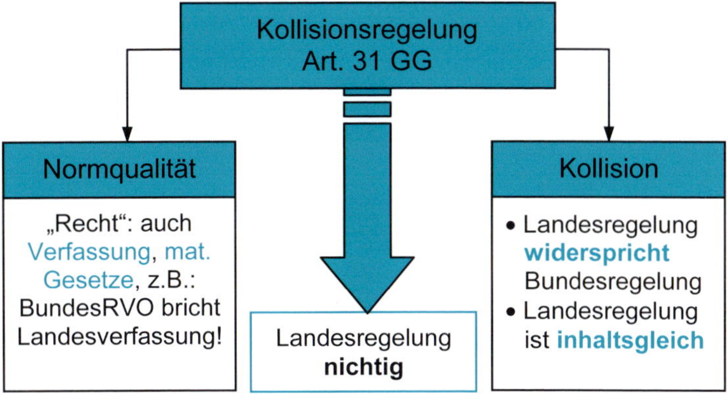

Inwiefern stellt Art. 142 GG eine Sonderregelung zu Art. 31 GG dar?

StaatsR II, Rn. 85

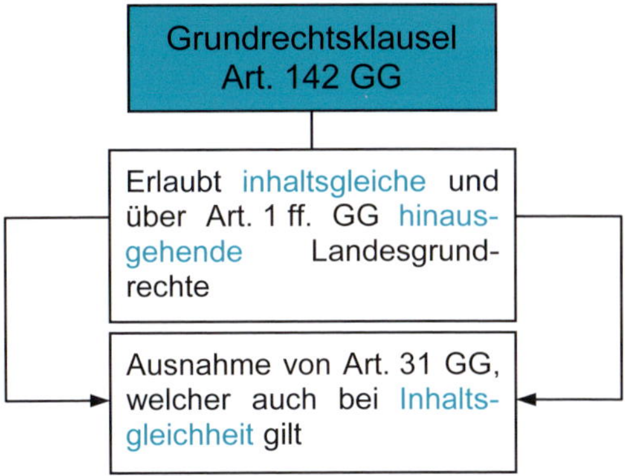

Wäre ein Zusammenschluss zweier Bundesländer im Hinblick auf Art. 79 III GG verfassungswidrig?

↳ Staats-/VerfR: Karteikarte Nr. 68

Art. 79 III GG → Geschützt = föderales Prinzip als solches, **keine Bestandsgarantie** einzelner Länder!

→ ! Neugliederung muss jedoch im Verfahren des Art. 29 GG erfolgen

Wie lässt sich die vom Grundgesetz gewählte Demokratieform näher qualifizieren?

↬ Staats-/VerfR: Karteikarte Nr. 70

Demokratieform des GG
Art. 20 II S. 1 u. 2

mittelbar	Volk übt Staatsgewalt nicht selbst, sondern durch gewählte Organe aus (Ausnahme: Art. 29, 118)
repräsentativ	Unmittelbare Ausübung der Staatsgewalt auf Wahl des Repräsentativorgans beschränkt
parlamentarisch	Parlament = Hauptentscheidungsträger

Steht ausländischen Staatsangehörigen nach dem Grundgesetz ein Wahlrecht zu?

Staats-/VerfR: Karteikarte Nr. 71

Wahlrecht

= Ausfluss des Demokratieprinzips; Art. 20 II S. 1 meint deutsches Volk i.S.v. Art. 116

Arg.: Systematik; Präambel, Art. 1 II, Art. 146

Kein Ausländerwahlrecht

Ausnahme:

Art. 28 I S. 3: Unionsbürger bei Kommunalwahlen

An welchen Stellen findet das Demokratieprinzip im Grundgesetz eine nähere Ausgestaltung?

Staatszielbestimmungen

↳ Staats-/VerfR: Karteikarte Nr. 72

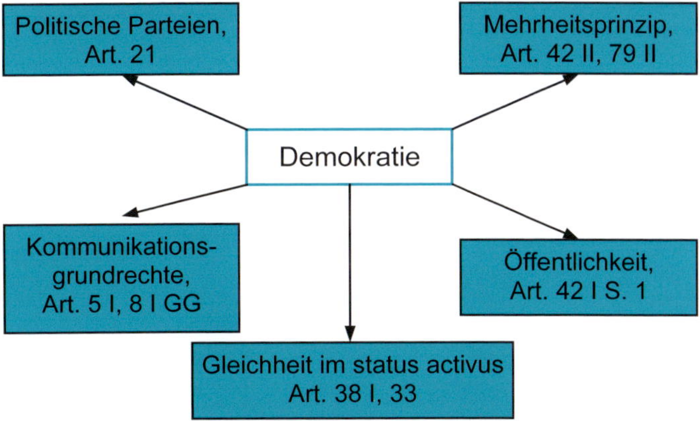

Welche drei Arten von Abstimmungen kennen Sie? Sind diese aufgrund von Art. 20 II S. 2 GG auf Bundesebene zulässig?

↳ Staats-/VerfR: Karteikarte Nr. 73

„Abstimmungen“, Art. 20 II S. 2

- **Volksentscheid**
  - **Volk** entscheidet über Gesetzentwurf oder Sachfrage
- **Volksbegehren**
  - **Gesetzesinitiative** durch Volk

(Volksentscheid und Volksbegehren:) Im GG nur in Art. 29 vorgesehen, sonst nur nach Verfassungsänderung mögl.

- **Volksbefragung**
  - **Befragung** der Öffentlichkeit zu bestimmtem Thema
  - Zulässigkeit **str.**, v.a. bei Umgehung d. Kompetenzordnung

Die bayerische Verfassung sieht in Art. 74 Volksbegehren und Volksentscheid vor. Wie lässt sich dies mit dem Homogenitätsgebot des Art. 28 I S. 1 GG vereinbaren?

StaatsR II, Rn. 82

GG sieht derartige plebiszitäre Elemente **nicht** vor.

Art. 28 I S. 1

Dennoch: Plebiszite widersprechen nicht demokr. Grundordnung des GG, sondern gestalten diese in zulässiger Weise näher aus.

restriktive Anwendung; keine Pflicht zur Verfassungsuniformität!

Nennen Sie einige Ausprägungen des Rechtsstaatsprinzips!

↳ Staats-/VerfR: Karteikarte Nr. 75

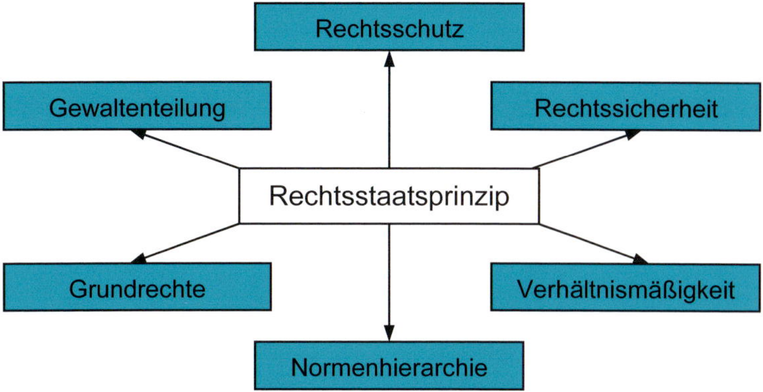

Was besagt der Grundsatz der (horizontalen) Gewaltenteilung?

↳ Basics ÖR, Rn. 226

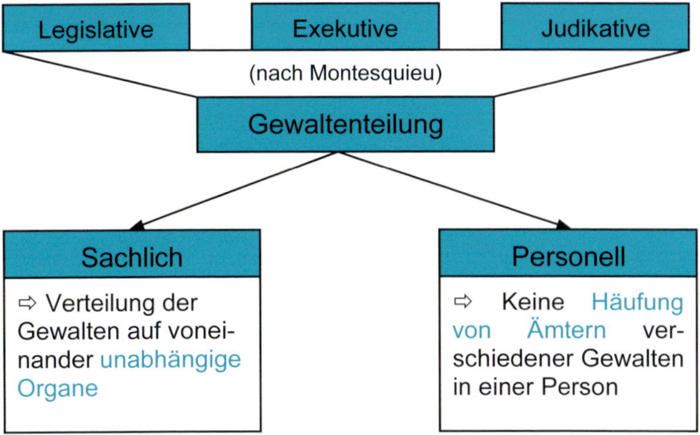

Welche Organe sind den jeweiligen Gewalten in ihrem Kernbereich zuzuordnen?

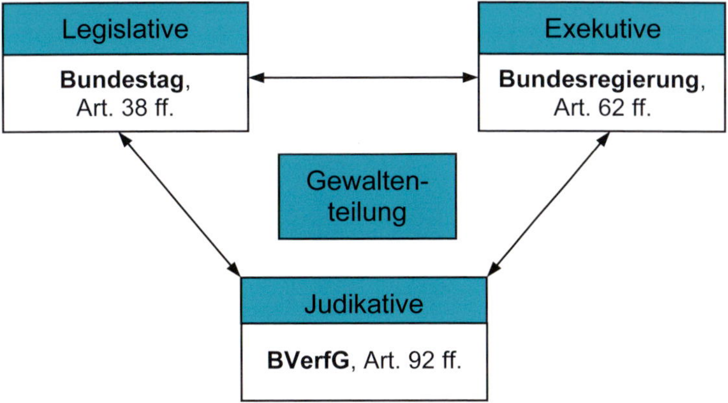
Legislative
Bundestag, Art. 38 ff.
Exekutive
Bundesregierung, Art. 62 ff.
Gewalten-teilung
Judikative
BVerfG, Art. 92 ff.

Ist eine Verschränkung der Gewalten zulässig?

Staats-/VerfR: Karteikarte Nr. 76 ; Basics ÖR, Rn. 227

GG sieht selbst Gewaltenverschränkungen vor

Beispiele:

- Bundesreg. hat Gesetzesinitiative, Art. 76
- Exekutive kann Recht setzen, Art. 80

Verletzung erst, wenn Eingriff in **Kernbereich** einer Gewalt

Bei Judikative jedoch Verschränkungen generell unzulässig

Was ist unter Vorrang und Vorbehalt des Gesetzes zu verstehen?

↬ Basics ÖR, Rn. 232

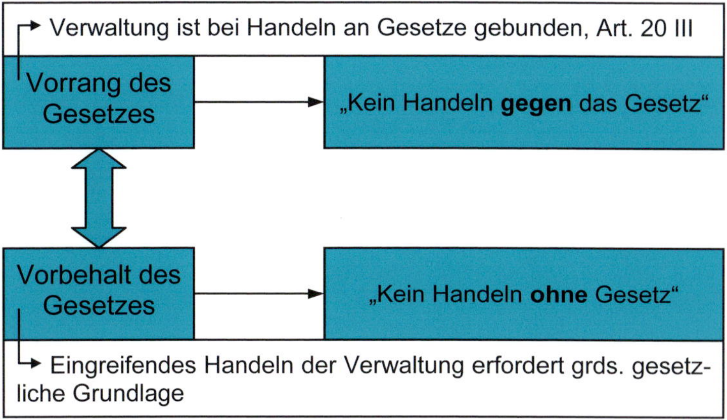

Gilt der Grundsatz vom Vorbehalt des Gesetzes sowohl für Eingriffs- als auch für Leistungsverwaltung uneingeschränkt?

↳ StaatsR II, Rn. 125 ff.

Vorbehalt des Gesetzes

Verwaltungshandeln muss (wenigstens mittelbar) auf parlament. Gesetzgeber rückführbar sein

Eingriffsverwaltung

wegen **Grundrechtsbezug** uneingeschränkte Geltung

Leistungsverwaltung

str.; nach h.M. abgeschwächt: Nennung im Haushaltsplan genügt

Wann gilt i.R.d Leistungsverwaltung (v.a. bei Subventionen) der Grundsatz vom Vorbehalt des Gesetzes ausnahmsweise in vollem Umfang?

StaatsR II, Rn. 129

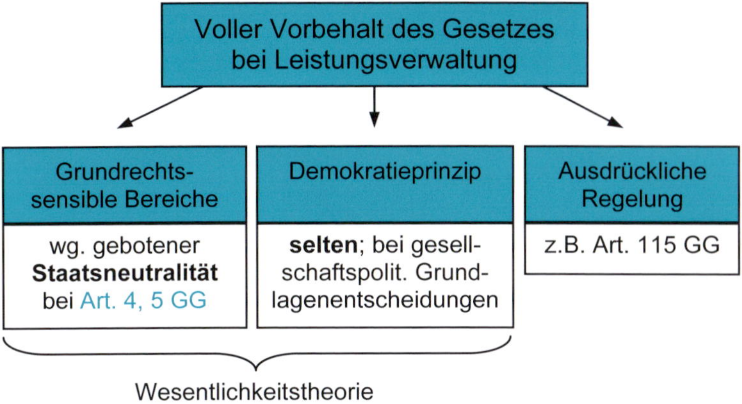

Was ist unter einem Sonderstatusverhältnis zu verstehen? Welche Beispiele hierzu kennen Sie?

↬ StaatsR II, Rn. 123 f.

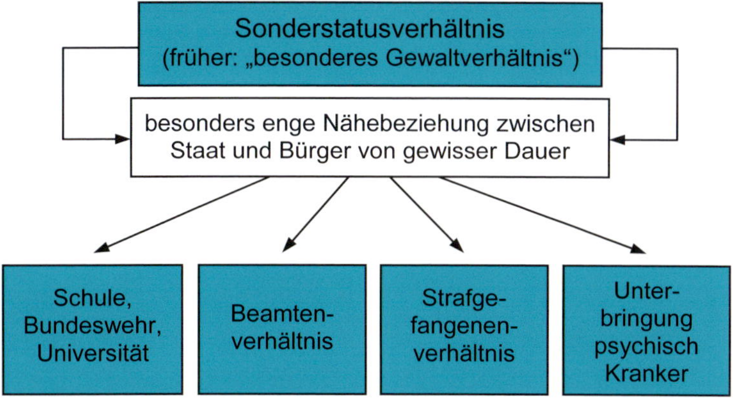

Inwieweit gilt in Sonderstatusverhältnissen der Vorbehalt des Gesetzes?

↬ Staats-/VerfR: Karteikarte Nr. 78

Sonderstatusverhältnis

Bürger ist dennoch Grundrechtsträger, vgl. Art. 1 III

→ eigentlich Vb. des Gesetzes (+)

→ Aber wg. Praktikabilität nicht jede Maßnahme gesetzl. regelbar

→ Geltung nur, wenn Grundverhältnis betroffen, nicht bloßer Organisationsakt

Genügen auch untergesetzliche Normen dem Vorbehalt des Gesetzes? Wann gilt aufgrund der Wesentlichkeitstheorie ein Parlamentsvorbehalt?

Staats-/VerfR: Karteikarte Nr. 80 ; Basics ÖR, Rn. 235

Grundsatz: Ermächtigungsgrundlage kann mat. Gesetz sein, da auf form. Gesetz rückführbar

Wesentlichkeitstheorie

Ausnahme: ParlamentsVB – Gesellschaftspolit. wesentliche Fragen hat Parlament unmittelbar zu regeln

- Besonders intensiver Grundrechtseingriff
- Indiz: Kontrovers in Öffentlichkeit diskutierte Fragen
  - z.B.: Einführung d. Sexualkundeunterrichts

Zwischen welchen Formen der Rückwirkung ist zu unterscheiden?

↳ Basics ÖR, Rn. 240 ff.

Formen der Rückwirkung

„Unechte" RW		„Echte" RW
Einwirkung in **nicht** abgeschlossenen Sachverhalt aus Vergangenheit	1. Senat	Nachtr. Eingriff in bereits **abgeschlossenen** Sachverhalt
tatbestandliche Rückanknüpfung		**Rückbewirkung von Rechtsfolgen**
Wirkung ex **nunc**, Anknüpfung an TBe der Vergangenheit	2. Senat	Gesetz soll **vor** Verkündung wirken

Unter welchen Voraussetzungen sind die beiden Rückwirkungsformen zulässig?

↬ Staats-/VerfR: Karteikarte Nr. 81

Rückwirkungsverbot

Zweck = Vertrauensschutz; Teil des Rechtsstaatsprinzips

Echte RW / Rückbewirkung von Rechtsfolgen	**Unechte** RW / tbliche Rückanknüpfung
Zulässig bei begünstigenden Gesetzen; bei belastenden grds. (-)	Grundsätzlich zulässig
Ausnahme: Vertrauen **nicht schutzwürdig**, z.B. bei vorheriger Ankündigung	Ausnahme: **Vertrauen** des Einzelnen **überwiegt** Allgemeinwohlinteressen ⇨ Übergangsregelung kann Ausgleich herstellen

Welche Besonderheit gilt hinsichtlich der Rückwirkung von Strafgesetzen?

StaatsR II, Rn. 131 ; Basics ÖR, Rn. 239

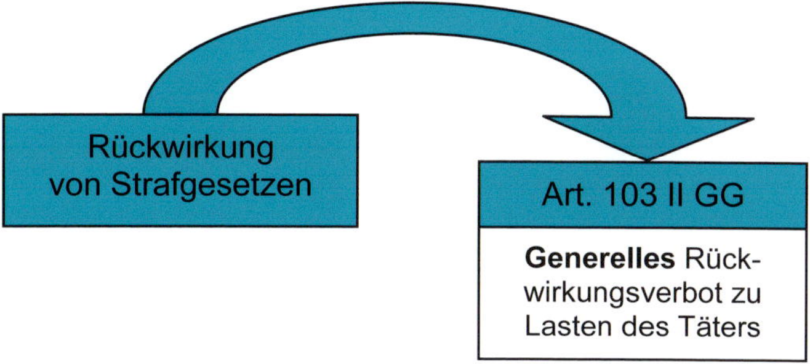

An welcher Stelle im Prüfungsaufbau z.B. einer Verfassungsbeschwerde ist es zweckmäßig, auf eine Rückwirkungsproblematik einzugehen?

Echte RW / Rückbewirkung von Rechtsfolgen

Gesetz i.d.R. verfassungswidrig; daher in Schranken bei mat. Verfassungsmäßigkeit ansprechen

Unechte RW / tbliche Rückanknüpfung

I.d.R. zulässig; daher in Schranken nur kurz zur echten RW. abgrenzen

Vertrauensschutz aber jedenfalls in Abwägung bei Schranken-Schranken einbeziehen

Was besagt der Bestimmtheitsgrundsatz? Können hier die gleichen Anforderungen gelten wie in § 37 I VwVfG?

Staats-/VerfR: Karteikarte Nr. 82

Bestimmtheitsgrundsatz
= Teil des Rechtsstaatsprinzips, für Strafnormen Art. 103 II GG

Formulierung der Norm muss Betroffenem Möglichkeit geben,
- die Rechtslage zu erkennen und
- Verhalten danach einzurichten

→ Normen anders als VAe abstrakt/generell; Geltung für Vielzahl von Fällen macht zu detaillierte Regelung unmöglich

In welchen Schritten ist die Prüfung des Bestimmtheitsgrundsatzes vorzunehmen?

StaatsR II, Rn. 141

Prüfung des Bestimmtheitsgrundsatzes

(1)	Feststellung, dass Vielzahl von erfassten Fällen Verwendung unbestimmter Rechtsbegriffe erfordert
(2)	Dennoch wg. Rechtsstaatsprinzip äußerste Grenze der Bestimmtheit erforderlich
(3)	Orientierung an Art. 80 I S. 2 GG, enthält parallele Problematik

Gewährt Art. 19 IV GG den Rechtsweg gegen Maßnahmen aller drei Gewalten?

StaatsR I, Rn. 323 ff.

Art. 19 IV GG

Gewährung lückenlosen, effektiven Rechtsschutzes in fairem Verfahren

Exekutive

grds. (+); Umfang begrenzt: Beurteilungsspielraum, Ermessen

Legislative

(-), Rechtsschutz gegen Gesetzgebungsakte im GG abschließend normiert; wohl aber gegen Normative

Judikative

(-), da Schutz durch den Richter, nicht gegen ihn

In welchen Schritten ist die Verhältnismäßigkeit einer Maßnahme zu prüfen?

Übermaßverbot
= Verhältnismäßigkeit i.w.S.

I. Legitimer Zweck	Von Verfassung nicht missbilligt, d.h. verboten
II. Geeignetheit	Tauglichkeit zur Zweckerreichung
III. Erforderlichkeit	Kein milderes, gleich geeignetes Mittel
IV. Angemessenheit	Angemessenes Verhältnis zwischen Zweck und Beeinträchtigung

In welchem Umfang sind bei Maßnahmen der Exekutive und solcher der Legislative Geeignetheit und Erforderlichkeit zu überprüfen?

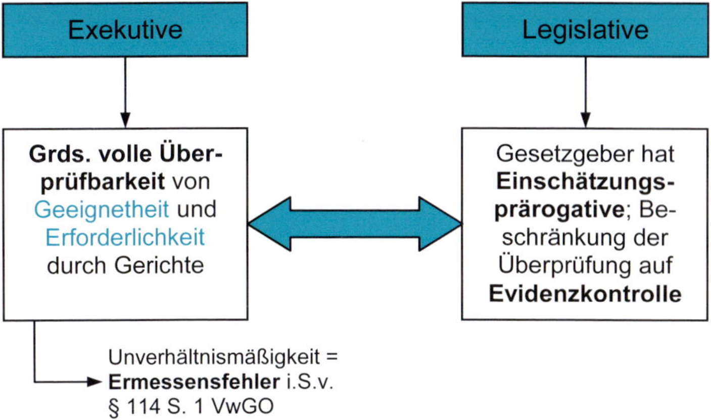
Exekutive
Legislative
Grds. volle Überprüfbarkeit von Geeignetheit und Erforderlichkeit durch Gerichte
Gesetzgeber hat **Einschätzungsprärogative**; Beschränkung der Überprüfung auf **Evidenzkontrolle**
Unverhältnismäßigkeit = **Ermessensfehler** i.S.v. § 114 S. 1 VwGO

In welchen Schritten ist die Prüfung der Angemessenheit einer Maßnahme durchzuführen?

Basics ÖR, Rn. 122 ff.

Angemessenheit
= Verhältnismäßigkeit i.e.S.

1. Schritt	**Gegenüberstellung** der abstrakten Wertigkeit der sich gegenüber stehenden Güter
2. Schritt	**Gegenüberstellung** der konkreten Betroffenheit nach der Eingriffsintensität
3. Schritt	**Auswertung** des so gewonnenen Abwägungsmaterials in umfassender Abwägung; Ergebnis

Welche geschriebenen Formen von Bundeskompetenzen kennen Sie?

↬ Staats-/VerfR: Karteikarte Nr. 83

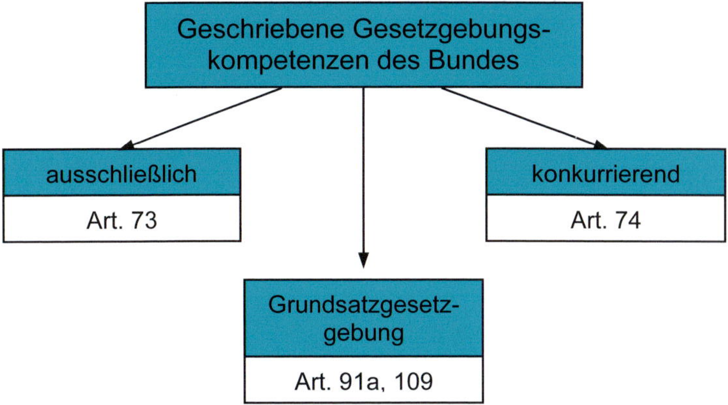

Welche drei Formen ungeschriebener Bundeskompetenzen sind anerkannt?

↳ Staats-/VerfR: Karteikarte Nr. 85

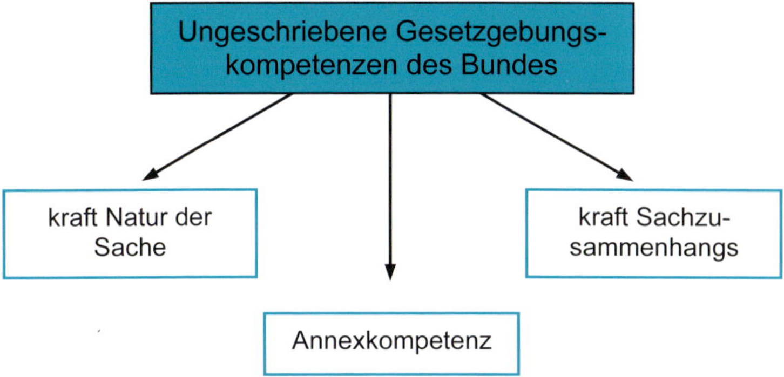

Was ist unter einer Kompetenz kraft Sachzusammenhangs zu verstehen? Nennen Sie ein Beispiel!

↳ StaatsR II, Rn. 165 ; Basics ÖR, Rn. 256

Kompetenz kraft Sachzusammenhangs

↓

Es besteht ausdr. zugewiesene Regelungskompetenz; jedoch unerlässlich für vollständige Regelung, dass gleichzeitig Anerkennung einer Kompetenz im fraglichen Bereich

→ z.B.: Art. 74 I Nr. 1 bürgerliches Recht → Gebührenfestsetzung für gerichtl. Beurkundungen

↳ StaatsR II, Rn. 166 ; Basics ÖR, Rn. 257

Annexkompetenz

↓

Erweiterung des ausdrückl. zugewiesenen Kompetenztitels um Fragen der Vorbereitung und der Durchführung

→ z.B.: Art. 74 I Nr. 11 Gewerbe → Gewerbeaufsicht

Was ist unter einer Annexkompetenz zu verstehen?
Nennen Sie ein Beispiel!

Was ist eine Kompetenz kraft Natur der Sache?
Nennen Sie ein Beispiel!

StaatsR II, Rn. 167 ; Basics ÖR, Rn. 258

Kompetenz kraft Natur der Sache

↓

Eng begrenzte Kompetenzen, die begriffsnotwendig den Ländern entzogen sind

→ z.B.: Bestimmung von Bundessymbolen etc. (teilsweise ausdr. Regelung in GG, vgl. Art. 22 GG)

Was versteht das Grundgesetz unter ausschließlicher Gesetzgebungskompetenz des Bundes? Inwieweit geht hierbei Art. 71 GG über Art. 31 GG hinaus?

↳ Basics ÖR, Rn. 253

Ausschließliche Gesetzgebungskompetenz des Bundes

Nur Bund zur Gesetzgebung befugt; Landesgesetze in diesem Bereich **verfassungswidrig** (Ausnahme: Art. 71 HS 2 GG)

↕

Art. 31 GG setzt **bestehendes** Bundesgesetz voraus, Art. 71 GG nicht

Wann besteht eine konkurrierende Gesetzgebungskompetenz des Bundes?

StaatsR II, Rn. 149 ff.

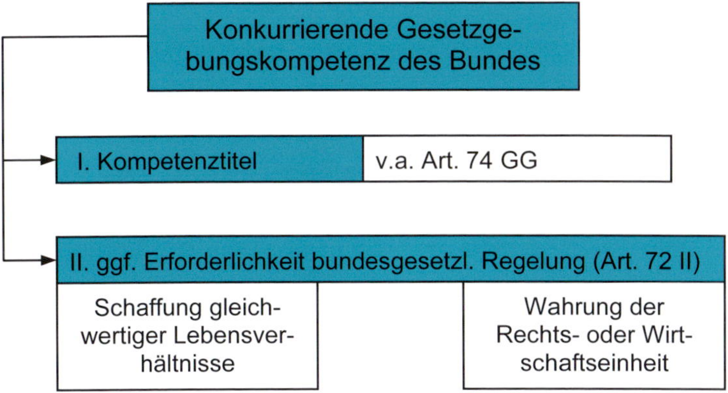

Steht im Rahmen einer konkurrierenden Gesetzgebungskompetenz des Bundes ein Bundesgesetz bereits vor dessen Verkündung einem Landesgesetz entgegen?

StaatsR II, Rn. 152

Grundsatz: Sperrwirkung entsteht erst mit Verkündung des Bundesgesetzes, vgl. Art. 82 I GG

Mit parl. Behandlung aber Landesgesetz am Grundsatz bundesfreundlichen Verhaltens zu messen

Inwieweit ist das Vorliegen der Voraussetzungen des Art. 72 II GG verfassungsgerichtlich überprüfbar?

StaatsR II, Rn. 25, 155 f.

Justiziabilität des Art. 72 II GG

Vor Neufassung der Vorschrift 1994 geltende „Bedürfnisklausel“ von BVerfG nur beschränkt kontrolliert

→ Änderung des Wortlauts weist auf Willen zur stärkeren Überprüfung hin

- v.a.: Besonderes (abstr.) Normenkontrollverfahren, Art. 93 I Nr. 2a, II GG

→ Voll überprüfbar, nach BVerfG eng auszulegen!

Was versteht man unter einem Gesetz?

Welche Arten von Gesetzen gibt es?

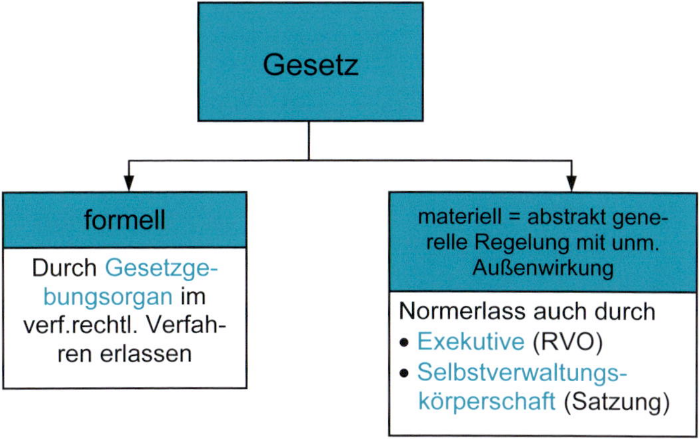
Gesetz
formell
Durch Gesetzgebungsorgan im verf.rechtl. Verfahren erlassen
materiell = abstrakt generelle Regelung mit unm. Außenwirkung
Normerlass auch durch
• Exekutive (RVO)
• Selbstverwaltungskörperschaft (Satzung)

In welche drei Abschnitte lässt sich das Gesetzgebungsverfahren grob unterteilen?

StaatsR II, Rn. 168

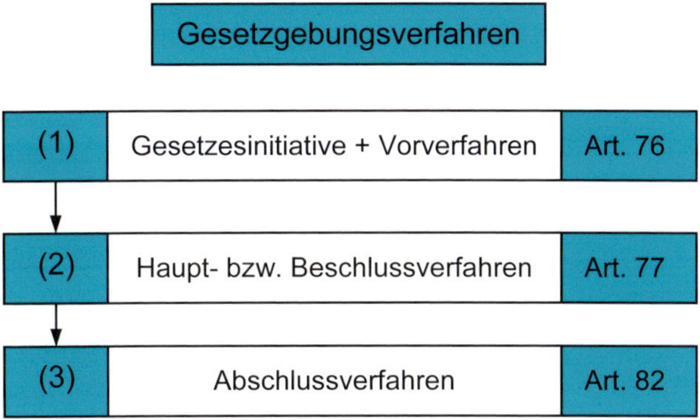

Wem steht nach dem Grundgesetz das Recht zur Gesetzesinitiative zu?

Staats-/VerfR: Karteikarte Nr. 86

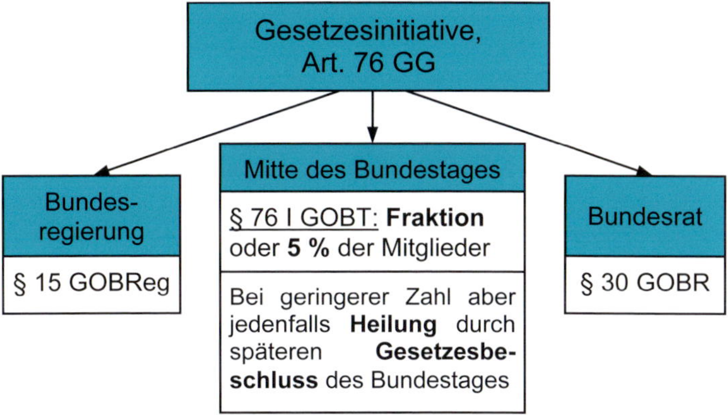

Welchen Organen sind die Gesetzesvorlagen jeweils zuzuleiten?
Müssen diese Stellung nehmen?

Staats-/VerfR: Karteikarte Nr. 86

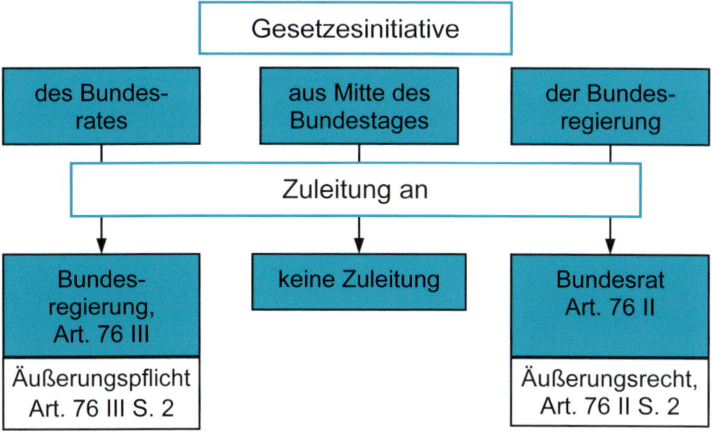

Wie kann das Vorverfahren nach Art. 76 II GG umgangen werden?
Führt eine solche Vorgehensweise zur Verfassungswidrigkeit des Gesetzes?

StaatsR II, Rn. 171

Möglichkeit: Regierung bringt Vorlage nicht selbst, sondern über Regierungsfraktion aus der Mitte des BT ein

→ Beteiligung des Bundesrates nicht erforderlich!

→ Dennoch Gesetz **verfassungskonform**:

- Beweisschwierigkeiten
- BT kann sich ebenso Regierungsentwurf zu Eigen machen

In welchen Schritten vollzieht sich die Beschlussfassung des Bundestages?

StaatsR II, Rn. 172

Beschlussfassung, Art. 77 I S. 1 GG

I. Behandlung in drei Lesungen	§§ 78 ff. GOBT
II. Schlussabstimmung	• Beschlussfähigkeit, § 45 GOBT • Mehrheit: Art. 42 II GG

Wann ist der Bundestag beschlussfähig?

StaatsR II, Rn. 172

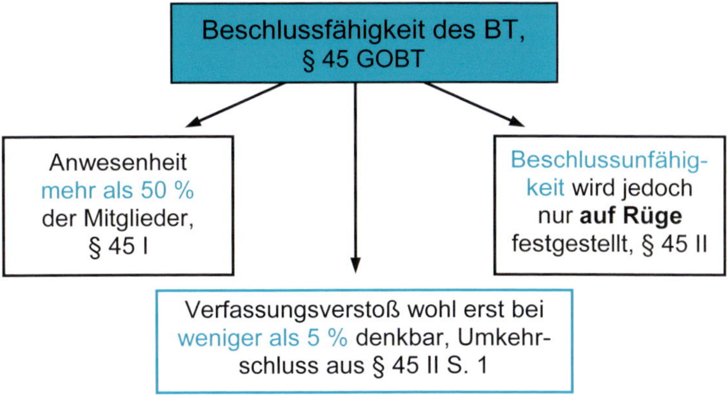

Welche Rechtsnatur kommt der GOBT zu?
Was gilt bei Verstößen gegen diese?

GOBT
Art. 40 I S. 2 GG

Rechtsnatur

Sui generis; sog. „autonome Satzung“

→ **Folge bei Verstoß**

Keine Verfassungswidrigkeit, damit grds. unschädlich

→ **Ausnahme:**

Verstoß gegen Verfassungssätze, die durch GO konkretisiert wurden

← z.B.: auf Lesungen gänzlich verzichtet etc.

In welcher Weise sind Gesetze im Hinblick auf die Mitwirkung des Bundesrates zu unterteilen?

↳ StaatsR II, Rn. 174 ff.

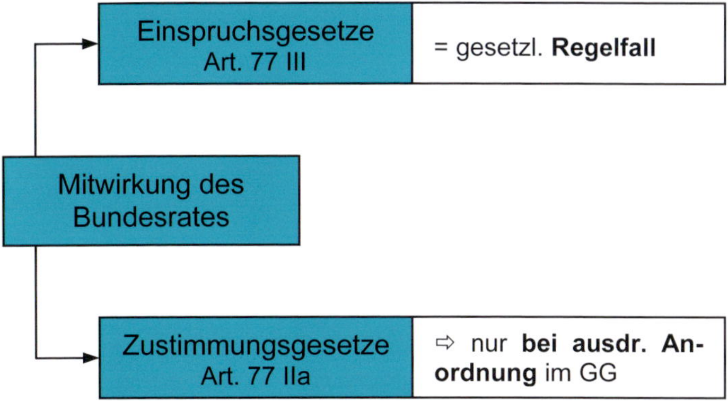

Sind Gesetze, die ein zustimmungsbedürftiges Gesetz ändern, generell Zustimmungsgesetze?

Änderung zustimmungsbedürftiger Gesetze

e.A.	**h.M.** →	Nur zustimmungsbed., wenn
Generelle Zustimmungsbedürftigkeit, da BR Verantwortung für Gesetz übernommen hat	• BR **keine** zweite Kammer • BT könnte ohnehin zustimmungsbedürftigen Teil **abspalten**	(1) neue zustbed. Regelung oder (2) Änderung einer zustbed. Regelung (3) Tragweite der zustbed. Regelung wird wesentl. verändert

Auf welche Weise kann es zur Einsetzung eines Untersuchungsausschusses kommen?

↳ Basics ÖR, Rn. 304

Einsetzung eines Untersuchungsausschusses

Art. 44 I

Mehrheitsenquete

Einsetzung durch Mehrheitsbeschluss, Art. 44 I Alt. 1, 42 II GG

Minderheitsenquete

- Antrag von $^{1}/_{4}$ der BT-Mitglieder (Art. 121) und
- gebundener (Mehrheits)Beschluss des BT

vgl. §§ 1 I, 2 I Untersuchungsausschussgesetz (PUAG)

Inwieweit ergibt sich aus der Funktion des Untersuchungsausschusses eine Einschränkung bzgl. der Zulässigkeit des Untersuchungsgegenstandes?

↳ StaatsR II, Rn. 269 ff.

Funktion des UA: Hilfsorgan des BT

⇨ „Korrolartheorie“: Untersuchungsgegenstand muss innerhalb der **Kompetenzen des BT** liegen (jetzt: § 1 III PUAG)

Bundesstaatsprinzip	unzulässig, wenn **Länder** ausschl. zuständig
Gewaltenteilung	• Exekutive: kein Eingriff in Kernbereich, z.B. Befassung mit noch nicht getroffenen Entscheidungen
	• Judikative: Keine Missbilligung gerichtl. Entscheidungen, Art. 97 GG

Welche weiteren (positiven) Anforderungen sind bzgl. der Zulässigkeit des Untersuchungsgegenstandes zu stellen?

StaatsR II, Rn. 272

Anforderungen an Untersuchungsgegenstand

- Tatsachenermittlung muss (jedenfalls auch) im Vordergrund stehen
- Gegenstand im öfftl. Interesse (keine zu großen Anforderungen)
- Gegenstand nicht unzulässig, vgl. vorige KK

In welchen Schritten ist die Rechtmäßigkeit einer Maßnahme eines Untersuchungsausschusses zu überprüfen?

↳ StaatsR II, Rn. 266 ff.

Rmk. einer UA-Maßnahme

I. Ordnungsgem. Einsetzung des UA	• Mehrheits-/ Minderheitsenquete • hinreichend bestimmte Festlegung des Untersuchungsgegenstandes
II. Zulässiger Untersuchungsgegenstand	⇨ vgl. KK 86/87
III. Rmk. im Übrigen	• ordnungsgem. (Mehrheits-)Beschluss über Beweiserhebung • Vereinbk. mit **StPO**, Art. 44 II S. 1 GG

Steht einer Person, deren Fehlverhalten Gegenstand des Untersuchungsausschusses ist, ein Aussageverweigerungsrecht zu?

Life&Law 2000, 141 ff.

Aussageverweigerungsrecht bei „Skandalenquete"?

„nemo-tenetur"-Grundsatz, Art. 44 II S. 1 GG, § 243 V S.1 StPO: (-), da vor UA niemand „Beschuldigter" im strafproz. Sinne ist

→

Aber: Art. 44 II S. 1 GG, § 55 StPO anzuwenden: Bei Gefahr eigener Strafverfolgung Zeugnisverweigerungsrecht (+), vgl. § 22 II PUAG

Kann ein Untersuchungsausschuss die Beschlagnahme von Gegenständen anordnen?

Über Art. 44 II S. 1 GG finden §§ 94 ff. StPO entsprechende Anwendung

→

§ 29 PUAG:

- UA kann selbst Herausgabe von Beweismitteln gegen Androhung eines Ordnungsgeldes von bis zu 10 000 Euro anordnen (§ 29 I, II PUAG)
- auf Antrag des UA bzw. ¼ seiner Mitglieder wird vom Ermittlungsrichter des BGH die Beschlagnahme angeordnet (§ 29 III PUAG)

Welche Arten von Ausschüssen des Bundestages kennen Sie?

↬ Staats-/VerfR: Karteikarte Nr. 105

Ausschüsse des BT

Pflichtausschüsse	Fakultative Ausschüsse	Untersuchungsausschüsse
Im GG ausdr. vorgeschrieben: • Ausw. Angelegenheiten, Verteidigung: Art. 45a • Petitionsausschuss, Art. 45c	Einsetzung im Ermessen des BT; §§ 54 ff. GOBT	vgl. KK 85 - 90

Nennen Sie einige Rechte, die dem Bundestagsabgeordneten als Ausgestaltung seines „freien Mandats“ i.S.v. Art. 38 I S. 2 GG zustehen!

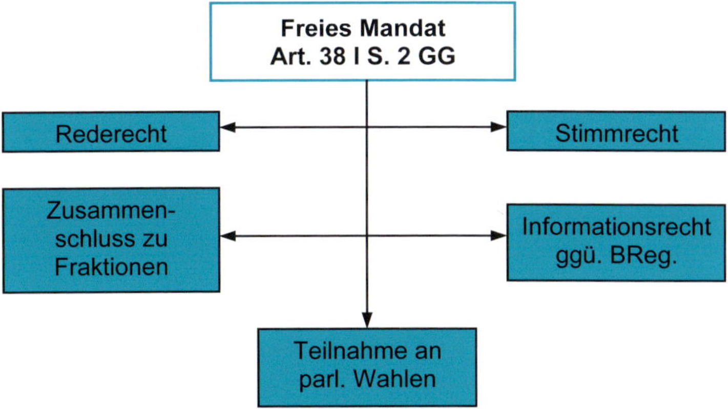
Freies Mandat
Art. 38 I S. 2 GG
Rederecht
Stimmrecht
Zusammen-
schluss zu
Fraktionen
Informationsrecht
ggü. BReg.
Teilnahme an
parl. Wahlen

Inwieweit ist ein Fraktionszwang im Hinblick auf Art. 38 I S. 2 GG zulässig?

↳ Staats-/VerfR: Karteikarte Nr. 107; StaatsR II, Rn. 286

Fraktionszwang und freies Mandat

Zwang unzulässig, aber Einwirkung auf Abgeordneten, Fraktionsdisziplin, als notwendige Konsequenz des anerkannten Parteiensystems grds. zulässig

Grenzen:

Gewissensentscheidungen	Unzul. Druckmittel
Bei pers. Gewissensentscheidungen (z.B.: § 218 StGB) auch Fraktionsdisziplin (-)	Wenn über innerparteilichen Bereich hinaus, z.B. Verpfl. zur Mandatsniederlegung

RF bei Verstoß: Nur Vereinbarung unwirksam, **keine** Auswirkung auf Wirksamkeit der parlament. Stimmabgabe!

Was bedeutet Indemnität und Immunität?

↬ StaatsR II, Rn. 287

Indemnität Art. 46 I GG	Immunität Art. 46 II GG
Keine (v.a. Straf-)Verfolgung für parlamentarische Äußerungen	Strafrechtl. Verfolgung während des Mandats nur bei BT-Zustimmung
Zweck: Schutz des Abgeordneten, Privilegierung	**Zweck:** Schutz der Funktionsfähigkeit des BT
Im Strafrecht § 36 StGB als persönl. Strafausschließungsgrund	Art. 46 II GG als strafprozessuales Verfahrenshindernis

Haben fraktionslose Abgeordnete in Ausschüssen ein Stimmrecht?

↳ Staats-/VerfR: Karteikarte Nr. 108

Art. 38 I S. 2 GG: Abgeordnete haben **gleiche** Mitwirkungsrechte

↓

- Anspruch auf Sitz in mindestens einem Ausschuss (vgl. § 57 I S. 2 GOBT)

- Jedoch kein Stimmrecht, da Ausschuss **verkleinertes Abbild** des BT, vgl. § 12 S. 1 GOBT; fraktionsloser Abgeordneter wäre **überrepräsentiert**

↳ Staats-/VerfR: Karteikarte Nr. 109

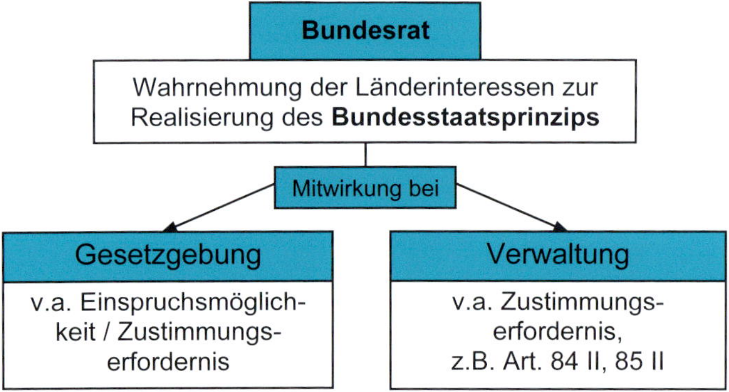

Zur Realisierung welches Prinzips existiert der Bundesrat?
Welche Hauptaufgaben stehen ihm dementsprechend zu?

Wie setzt sich der Bundesrat zusammen?
Existiert entsprechend Art. 38 I S. 2 GG
ein „freies Mandat“ der Bundesratsmitglieder?

Bundesrat: Zusammensetzung

Mitglieder der Länderregierungen, Art. 51 I S. 1 GG; maßgebl. ist Zahl der **Stimmen**, vgl. Art. 51 II, III GG

Mitglieder jederzeit bestell- und abberufbar; kein **freies Mandat**, sondern **Weisungsgebundenheit**

Was versteht man unter einer Abgabe?
Welche drei Hauptformen von Abgaben kennen Sie?

StaatsR II, Rn. 307

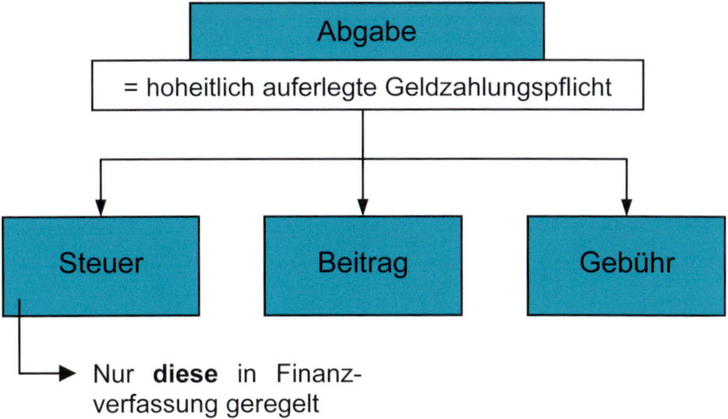

Was ist unter einer Steuer zu verstehen?

↳ StaatsR II, Rn. 308 f.

Steuer, § 3 I AO

Abgabe, die

(1) ohne Gegenleistung

(2) zur Deckung des allgemeinen Finanzbedarfes (kann Nebenzweck sein)

(3) von jedem erhoben wird, auf den der TB des Steuergesetzes zutrifft.

Wann liegt eine Verbrauch-, wann eine Aufwandsteuer vor?
Nennen Sie Beispiele!

Verbrauch- und Aufwandsteuern
Relevant bei Steuererhebungsrecht der Gemeinden, Art. 105 IIa GG i.V.m. Landesgesetz

Verbrauchsteuer	Aufwandsteuer
⇨ knüpft an den Verbrauch von Gütern an; auch „eliminierende Nutzung“, *z.B.:* ***Verpackungssteuer***	⇨ knüpft an das Innehaben eines Gegenstandes an, der Ausdruck von gewisser wirtschaftl. Leistungsfähigkeit ist (*Bsp.:* ***Hundesteuer***)

Worin liegt der Unterschied zwischen Gebühren und Beiträgen?

↳ Staats-/VerfR: Karteikarte Nr. 120

Gebühren	↔	Beiträge
= Gegenleistung für **konkrete staatliche Leistung**: • Verwaltungsgebühren • Benutzungsgebühren		= Gegenleistung für **bloße Möglichkeit**, Vorteil in Anspruch zu nehmen z.B.: Erschließungsbeiträge

Wie sind sog. Sonderabgaben von den herkömmlichen Abgabentypen abzugrenzen? Worin liegt ihre Problematik?

↳ Staats-/VerfR: Karteikarte Nr. 120

Sonderabgabe

Gebühr / Beitrag

SA.: Keine Gegenleistung für konkr. /abstr. staatl. Vorteilsgewährung

Steuer

SA.:
- nicht allgemein
- Sachzweck im Vordergrund
- keine Steuersätze, sondern feste Beträge

Problem: **Gefahr:** Umgehung der Kompetenzordnung der Art. 104a ff. GG durch Anknüpfen an Sachkompetenz der Art. 70 ff. GG

Unter welchen Voraussetzungen ist nach der Rechtsprechung des BVerfG eine Sonderabgabe zulässig?

↬ StaatsR II, Rn. 312

Voraussetzungen
einer zulässigen Sonderabgabe

(1) Homogene Gruppe	Betroffene Gruppe hebt sich aufgrd. bes. Gegebenheiten von übrigen Bürgern ab
(2) Gruppenverantwortlichkeit	Gruppe steht zum verfolgten Sachzweck in besonderer Beziehung
(3) Gruppennützige Verwendung	Verwendung kommt dieser Gruppe (zumindest auch) zugute

An welcher Stelle ist bei der Überprüfung einer Rechtsnorm die Sonderabgaben-Problematik zu prüfen?
Unterscheiden Sie zwischen Bundes- und Landesregelungen!

Prüfungsstandort
Sonderabgaben-Problematik

Bundesgesetz	Landesgesetz
Kompetenzproblem: Unzul. SA darf nicht auf Art. 70 ff. gestützt werden	Problem der mat. Verfmk.: **Kein** Kompetenzproblem, da Länder regelzuständig; unzul. SA läuft aber System der FinanzVerf. zuwider
⇨ i.R.d. formellen Verfmk. bei **Zuständigkeit** prüfen!	⇨ i.R.d. materiellen Verfmk. prüfen!

Nach welchem Grundsatz richtet sich,
wer die bei der Ausführung von Bundesgesetzen
anfallenden Ausgaben zu tragen hat?
Gibt es hiervon Ausnahmen?

↬ Staats-/VerfR: Karteikarte Nr. 118

Ausgabentragung

Grundsatz: „Die Ausgaben folgen den Aufgaben“, Art. 104a I

Ausnahmen:

Art. 104a II	Bundesauftragsverwaltung
Art. 104a III	Leistungsgesetze des Bundes
Art. 104a IV	Finanzhilfen Bund ⇨ Land

Zwischen welchen Formen des Finanzausgleiches ist zu unterscheiden? Wo finden sich hierzu im Grundgesetz Regelungen?

↳ Staats-/VerfR: Karteikarte Nr. 119

Finanzausgleich

Vertikaler FA

Aufteilung zw. Bund und Ländern

- Verteilung der Steuerertragshoheit, Art. 106 ff. GG
- Zuweisungen nach Art. 107 II S. 3 GG

Horizontaler FA

Aufteilung zw. Ländern untereinander

- primär: Verteilung der St.-Einnahmen der Länder, Art. 107 I GG
- sekundär: Zuweisungen nach Art. 107 II GG

Unter welchen Voraussetzungen liegt eine Partei i.S.v. Art. 21 GG vor?

↳ Staats-/VerfR: Karteikarte Nr. 110 ; StaatsR II, Rn. 344 f.

Parteibegriff

Keine Definition im GG; Legaldefinition in § 2 I PartG entspricht verf.rechtl. Begriff

(1)	Fest organisierte Personenvereinigung
(2)	Beteiligung an Wahlen zum BT / zu Landtagen
(3)	Gewähr für Ernsthaftigkeit und Dauer

Worin besteht nach dem Grundgesetz ein materielles Privileg der Parteien gegenüber sonstigen Personenvereinigungen? (zum prozessualen Privileg vgl. KK 111)

↬ Staats-/VerfR: Karteikarte Nr. 112

Parteienprivileg

Parteien

Verbot bzw. Ausschluss von staatlicher Finanzierung nur unter Voraussetzungen des Art. 21 II, III durch das **BVerfG** nach Art. 21 IV GG möglich

Insb. Verwaltung darf nicht von Verfassungswidrigkeit ausgehen

Sonstige Personenvereinigungen

Verbot schon unter Voraussetzungen des Art. 9 II durch **Innenministerium** Bund/Land möglich, vgl. § 3 I, II VereinsG

Gilt das Verbot nach Art. 9 II GG automatisch?
Könnte also jede Verwaltungsbehörde
eine Personenvereinigung
als verboten behandeln?

↳ StaatsR I, Rn. 250

Wortlaut

weist wg. Ähnlichkeit zu Art. 21 II („sind verfassungswidrig") auf gleiche Wirkung als **konstitutiv** hin

Rechtssicherheit

Entscheidungskompetenz jeder Verwaltungsbehörde würde rechtsstaatl. Grundsatz der **Rechtssicherheit** zuwiderlaufen

Konstitutive Wirkung des Verbots nach § 3 VereinsG

Welche wesentlichen Rechte der Parteien sind in Art. 21 I GG verankert?

Staats-/VerfR: Karteikarte Nr. 113

Art. 21 I GG: **Parteienrechte**

- **Chancengleichheit**
  Art. 21 I, 3 I; in Zush. mit **Wahlkampf**: Art. 21 I, 38 I
- **Wahlteilnahme**
  Als wesentl. Element des Parteiwesens in Art. 21 I verankert
- **Gründungsfreiheit**
  Art. 21 I S. 2
- **Betätigungsfreiheit**
  ex Art. 21 I S. 2

Sind Parteien im Organstreitverfahren antragsberechtigt und können sie Verfassungsbeschwerde erheben? Grenzen Sie insoweit beide Rechtsbehelfe voneinander ab!

↳ Staats-/VerfR: Karteikarte Nr. 115

Verfassungsprozessualer Status

Partei =
- antragsberechtigt bei Organstreitverf.
- verfassungsbeschwerdeberechtigt

alternativ

Organstreit ⟷ **Verfassungsbeschwerde**

Organstreit: (+), wenn Streitigkeit um Teilhabe an Staatsgewalt geht, Partei als Institution des Verfassungslebens betroffen

Verfassungsbeschwerde: (+), wenn Partei als Gruppierung des gesellschaftl. Bereichs wie „jedermann“ betroffen, Rechtswegerschöpfung!

Was steht aus verfassungsrechtlicher Sicht einer vollständigen Abhängigkeit der Parteien von staatlicher Finanzierung entgegen?

↳ Staats-/VerfR: Karteikarte Nr. 114

Parteien im **gesellschaftlichen** Bereich verwurzelt; kanalisieren politischen Willen der Bürger

→ Vollständige Staatsabhängigkeit **liefe** damit **Zweck** des Parteiensystems **zuwider**

→ Derartige Regelung daher **unzulässig**:

Gebot der „Staatsfreiheit der Parteien“, ex Art. 21 I

Entfalten Regelungen eines völkerrechtlichen Vertrages unmittelbare Geltung auf nationaler Ebene?

StaatsR II, Rn. 316 ff.

Unmittelbare Geltung völkerrechtlicher Verträge

↓

H.M.: dualistische Theorie

VölkerR und nationales Recht **streng zu trennende** Bereiche; völkerrechtl. Regelung entfaltet nat. Wirkung erst mit innerstaatl. Transformation

Welche zwei Elemente kann ein Zustimmungsgesetz nach Art. 59 II GG enthalten? Zwischen welchen zwei verschiedenen Kompetenzen ist zu unterscheiden?

Elemente des Zustimmungsgesetzes

Dies erforderlich für völkerrechtl. Wirksamkeit

Ermächtigung des Bundespräsidenten zur Ratifikation → Vertragsschlusskompetenz

Transformation in innerstaatliches Recht → Transformationskompetenz

Ist im Bereich ausschließlicher Gesetzgebungskompetenz der Länder der Bund vertragsschlusskompetent?

↳ StaatsR II, Rn. 320 ff.

Vertragsschlusskompetenz des Bundes bei ausschl. Gesetzgebungskompetenz der Länder

Auslegung von Art. 32 III

e.A.: föderalistische Theorie

Nur Land zuständig; fehlende Transformationskompetenz des Bundes würde völkerrechtswidrige Zustände fördern

h.M.: zentralistische Theorie

Auch Bund zuständig:

- Rechtssicherheit im völkerrechtl. Verkehr

Spielt das Lindauer Abkommen eine Rolle für die Vertragsschlusskompetenz?

↳ StaatsR II, Rn. 326

Lindauer Abkommen

→ Danach Bund auch bei ausschl. Gesetzgebungskompetenz der Länder bei Zustimmung der Länder vertragsschlusskompetent

→ **Rechtliche Wirkung**

Keine Auswirkung auf Vertragsschlusskompetenz, da hierdurch keine Verfassungsänderung, vgl. Art. 79 GG

Wem steht die Transformationskompetenz zu?

↳ StaatsR II, Rn. 332

Transformationskompetenz

e.A.: Allgemeine Bundeszuständigkeit

- Herleitung aus Art. 73 I Nr. 1 GG denkbar
- Vereinheitlichung von Vertragsschluss- und Transformationskompetenz zur Meidung völkerrechtswidr. Zustände

h.M.: Kompetenzordnung der Art. 70 ff. GG

- anderenfalls nachhaltige **Durchbrechung** des Bundesstaatsprinzips

Ist bei Transformationskompetenz des Landes dieses zur Transformation eines vom Bund geschlossenen völkerrechtlichen Vertrages verpflichtet?

Verpflichtung zur Transformation

Keine Verpflichtung allein aus Prinzip der Bundestreue, Transformationszuständigkeit des Landes würde **faktisch leerlaufen**

Aber: Bei Zustimmung nach Lindauer Abkommen: Verweigerung der Transformation wäre venire contra factum proprium, Verpflichtung (+)

Wie ist der Begriff der „öffentlichen Gewalt“ in Art. 19 IV GG und in Art. 93 I Nr. 4a GG zu verstehen?

↳ Staats-/VerfR: Karteikarte Nr. 46

Öffentliche Gewalt

Art. 19 IV GG	
Exekutive	(+)
Judikative	(-), sonst endloser Instanzenzug
Legislative	(-), Rechtsschutz gegen Gesetze abschließend geregelt

Art. 93 I Nr. 4a GG

Alle drei Gewalten gemeint, da diese auch grundrechtsgebunden, Art. 1 III GG

Ist Art. 101 I S. 2 GG verletzt, wenn ein deutsches Gericht trotz Vorliegen der Voraussetzungen von Art. 267 AEUV nicht dem EuGH vorlegt?

↬ Staats-/VerfR: Karteikarte Nr. 47

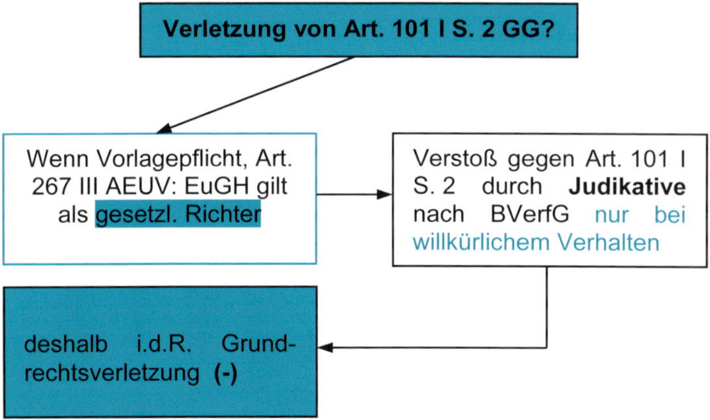

Welche Rechte gewährt Art. 103 I GG?

StaatsR I, Rn. 332

Art. 103 I GG

- Information über Verhalten der Gegenseite
- Berücksichtigung des eigenen Vorbringens
- Recht, sich zu äußern

Welche drei Hauptgruppen von Verfassungsrechtsbehelfen gilt es zu unterscheiden?

Die Verfassungsrechtsbehelfe

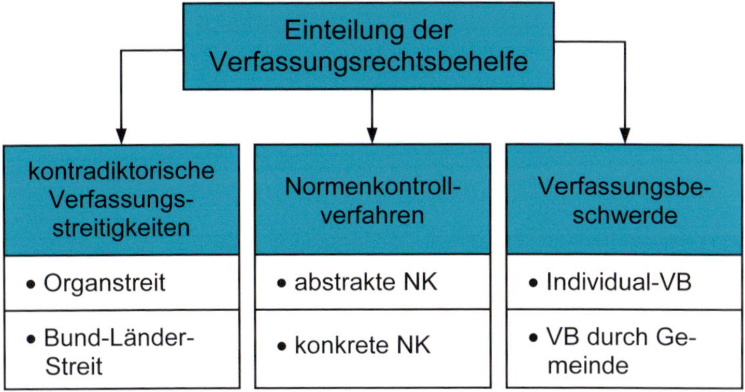

Ist der Rechtsweg zum BVerfG immer dann gegeben, wenn keine nichtverfassungsrechtliche Streitigkeit i.S.v. § 40 I VwGO vorliegt?

StaatsR I, Rn. 6 ff.

numerus clausus der Streitigkeiten vor dem BVerfG

↓

§ 13 BVerfGG ist abschließend!

! Auf eine doppelte Verfassungsunmittelbarkeit (vgl. § 40 I VwGO) kommt es nicht an

Welche Grundstruktur ist jeder Zulässigkeitsprüfung zugrunde zu legen?

Grundstruktur der Zulässigkeitsprüfung

I. Wer?	Antrags- /Klageberechtigung
II. Was?	Gegenstand des Verfahrens
III. Wann?	unterschiedlich, v.a. Antrags- /Klagebefugnis
IV. Wie?	Form, Frist

Wie ist die Zulässigkeitsprüfung einer Verfassungsbeschwerde aufzubauen?

Verfassungsbeschwerde

VerfProzR 4

StaatsR I, Rn. 9 ff.; Basics ÖR, Rn. 35 ff.

Zulässigkeit der VB

I. Beschwerdeberechtigung	v.a. Grundrechtsberechtigung, ggf. auch Beschwerdefähigkeit
II. Beschwerdegegenstand	
III. Beschwerdebefugnis	
IV. Rechtswegerschöpfung	hieraus abgeleitet: Subsidiarität
V. Sonstiges	Form, Frist, RS-Bedürfnis

An welcher Stelle i.R.d. Zulässigkeit einer Verfassungsbeschwerde spielt die „Grundrechtsmündigkeit“ eines Minderjährigen eine Rolle?

↳ StaatsR I, Rn. 10 ff.; Basics ÖR, Rn. 37 ff.

Grundrechtsmündigkeit

I. Beschwerdeberechtigung	richtet sich nach Grundrechtsfähigkeit, diese bei Mj. aber als nat. Person generell (+)!
	Beschwerde- bzw. Verfahrensfähigkeit: entspricht Prozessfähigkeit; Mj. ist proz.fähig, wenn er grundrechtsmündig ist.

Wann ist ein Minderjähriger grundrechtsmündig?

StaatsR I, Rn. 26; Basics ÖR, Rn. 45

Grundrechtsmündigkeit

= Fähigkeit, im jeweiligen Freiheitsbereich eigenverantwortlich tätig zu sein

e.A.

Auf individuelle Einsichtsfähigkeit abstellen

h.M.

Je nach Grundrecht entscheiden, ab wann Rechtsordnung Eigenständigkeit zuerkennt, vgl. § 62 I Nr. 2 VwGO

Was bedeutet Postulationsfähigkeit?
Wer ist im Verfassungsprozess postulationsfähig?

↳ StaatsR I, Rn. 27

Postulationsfähigkeit

= Fähigkeit zur wirksamen Vornahme von Prozesshandlungen

§ 22 BVerfGG

Einlegung des Rechtsbehelfs

Partei selbst postulationsbefugt, § 22 I S. 1 HS 1 BVerfGG („kann“)

Mündliche Verhandlung

Besonderer Vertreter nötig, § 22 I S. 1 HS 2 BVerfGG

Welche Maßnahmen stellen einen tauglichen Beschwerdegegenstand dar?

↳ StaatsR I, Rn. 32 ff.; Basics ÖR, Rn. 46 ff.

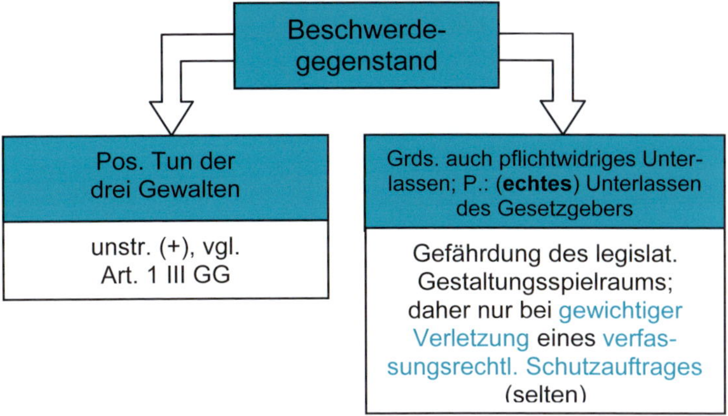

Wann ist der Beschwerdeführer beschwerdebefugt?

StaatsR I, Rn. 41 ff.; Basics ÖR, Rn. 51 ff.

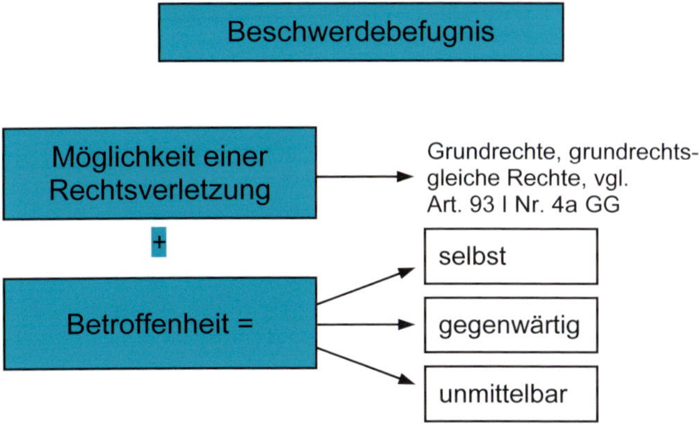

Was ist unter den Begriffen „selbst, gegenwärtig, unmittelbar“ genau zu verstehen?

StaatsR I, Rn. 44 ff.

selbst	Evtl. verletztes Recht muss **dem Beschwerdeführer** zustehen, keine Prozessstandschaft möglich
gegenwärtig	BF. ist schon und noch betroffen
unmittelbar	(-), wenn noch Vollzugsakt erforderlich ist

In welche beiden Richtungen lässt sich das Unmittelbarkeitskriterium einschränken?

StaatsR I, Rn. 47 f.; Basics ÖR, Rn. 54

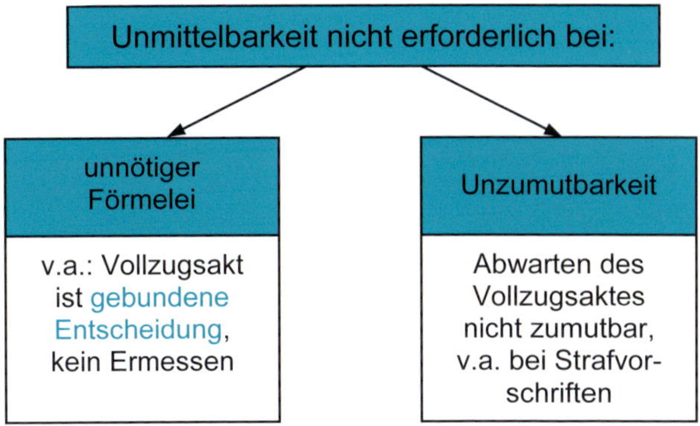

Was besagt das Erfordernis der Rechtswegerschöpfung? Fallen folgende prozessuale Möglichkeiten unter den „Rechtsweg“:

- Wiederaufnahme des Verfahrens
- Wiedereinsetzung in vorigen Stand
- Durchführung des Hauptsacheverfahrens bei Entscheidung im einstweiligen Rechtsschutz?

StaatsR I, Rn. 49 ff.; Basics ÖR, Rn. 55

Rechtswegerschöpfung, § 90 II S. 1 BVerfGG

= Inanspruchnahme aller prozessualen Möglichkeiten zur Abwehr des Eingriffes

Wiederaufnahme, Wiedereinsetzung	Durchführung des Hauptsacheverfahrens
(+), da hierdurch urspr. Entscheidung zu Fall gebracht werden kann	(-), Hauptsacheverfahren und vorl. RSchutz sind voneinander getrennt, kein „Rechtsweg“

Welche Ausnahmen vom Erfordernis der Rechtswegerschöpfung existieren?

↳ StaatsR I, Rn. 52 ff.

Ausnahmen v. § 90 II S. 1 BVerfGG

geschrieben

⇨ § 90 II S. 2 BVerfGG

materiell unzumutbar

- eindeutige gesetzl. Regelung
- gefestigte entgegenstehende Rechtsprechung

prozessual unzumutbar

z.B.: Anhängigkeit von Parallelverfahren (selten)

Was besagt der Grundsatz der Subsidiarität? In welchen Fallgestaltungen liegen hierbei Probleme?

Staats-/VerfR: Karteikarte Nr. 49; StaatsR I, Rn. 58 ff.

Subsidiarität, § 90 II S. 1 BVerfGG analog

= BF muss über Rechtswegerschöpfung hinaus alle Möglichkeiten ausgeschöpft haben, um GR-Verletzung zu beseitigen

VB gegen Entscheidung im vorläufigen Rechtsschutz:

Durchführung des Hauptsacheverfahrens?

VB gegen Gesetz:

Fachgerichtl. Inzidentkontrolle muss angestrebt werden (nicht mit Unmittelbark. verwechseln)

Wann ist eine Verfassungsbeschwerde gegen eine Entscheidung im einstweiligen Rechtsschutz nicht subsidiär und damit zulässig?

↳ StaatsR I, Rn. 59 ff.

VB gegen Entscheidung im vorläufigen Rechtsschutz:

grds. Entscheidung in Hauptsache zunächst herbeizuführen

Ausnahmen:

- Abwarten wg. Dringlichkeit unzumutbar (irreversibler Schaden!)
- Rechts- und Sachlage bereits umfassend geklärt
- Grundrechtsverletzung beruht gerade auf einstw. Entscheidung

Ist i.R.d. Begründetheit der Verfassungsbeschwerde Prüfungsmaßstab auch sonstiges objektives (Bundes-)Verfassungsrecht?

↳ Staats-/VerfR: Karteikarte Nr. 50

Prüfungsmaßstab in Art. 93 I Nr. 4a GG, § 90 I BVerfGG eindeutig auf GRe/GR-gleiche Rechte beschränkt

→ Elfes-Urteil →

Objektiv verfassungswidriger Eingriff jedoch jedenfalls Verletzung von Art. 2 I GG (Schrankenprüfung: Rechtfertigung nur i.R.d. verfassungsgem. Ordnung = Gesamtheit aller formell und materiell verfassungsgem. Gesetze)

Welche Einschränkung des Prüfungsumfangs ist bei Verfassungsbeschwerden gegen Gerichtsurteile vorzunehmen?

Verfassungsbeschwerde

VerfProzR 17

↳ Staats-/VerfR: Karteikarte Nr. 51

BVerfG ist keine „Superrevisionsinstanz“

Überprüfung der Entscheidung beschränkt:

Verletzung „spezifischen Verfassungsrechts“

- Gericht hat verfassungswidrige Normen angewendet
- Überschreitung der Grenzen richterlicher Rechtsfortbildung
- Gericht hat bei Anwendung einfachen Rechts die Bedeutung von Verfassungsnormen grundlegend verkannt oder willkürlich entschieden

Wäre eine Kommunalverfassungsbeschwerde durch eine bayerische Gemeinde gegen ein bayerisches Landesgesetz zulässig?

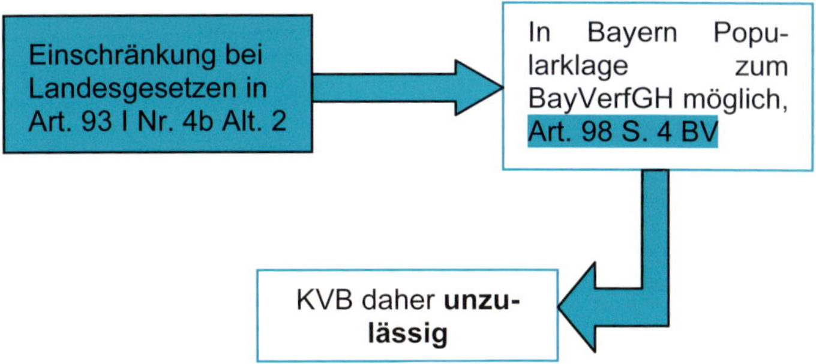
Einschränkung bei Landesgesetzen in Art. 93 I Nr. 4b Alt. 2
In Bayern Popularklage zum BayVerfGH möglich, Art. 98 S. 4 BV
KVB daher **unzulässig**

Wie ist die Zulässigkeitsprüfung eines Organstreites aufzubauen?

↳ StaatsR II, Rn. 3 ff.; Basics ÖR, Rn. 11 ff.

Zulässigkeit des Organstreites

I. Parteifähigkeit	⇨ § 63 BVerfGG
II. Verfahrensgegenstand	
III. Antragsbefugnis	⇨ § 64 BVerfGG
IV. Form, Frist	

Ist die Aufzählung der im Organstreitverfahren parteifähigen Antragsteller und -gegner in § 63 BVerfGG abschließend?

↳ StaatsR II, Rn. 5 ff.

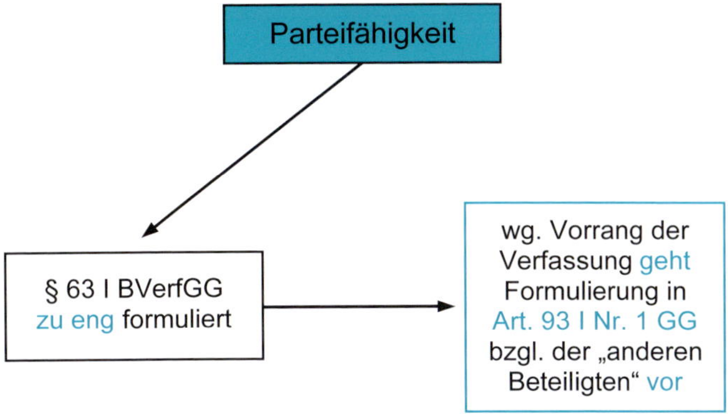

Wie verhält es sich mit der Parteifähigkeit von

- Fraktionen
- einzelnen Abgeordneten
- politischen Parteien?

↳ Staats-/VerfR: Karteikarte Nr. 52; Basics ÖR, Rn. 13

Parteifähigkeit: Problemfälle

Fraktionen

(+), da Ausstattung mit Rechten in GOBT (z.B. § 12)

Parteien

(+), soweit verf.rechtl. Status aus Art. 21 betroffen

Abgeordnete

(+), soweit Rechte aus Art. 38 I S. 2 GG betroffen

Welche Anforderungen sind an den Verfahrensgegenstand im Organstreitverfahren zu stellen?
Was gilt bei einer Rüge oder einem Ordnungsruf durch den Bundestagspräsidenten?

StaatsR II, Rn. 8

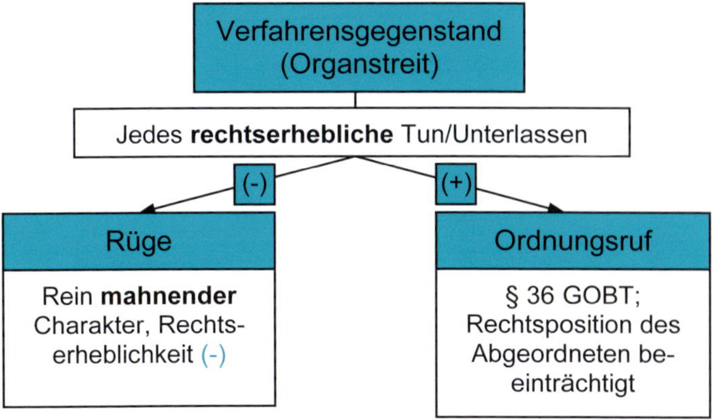

Sowohl in der Parteifähigkeit als auch in der Antragsbefugnis geht es um die Ausstattung mit subjektiven Rechten. Worin liegen dennoch die Unterschiede?

↳ StaatsR II, Rn. 9 f.

Parteifähigkeit, § 63	⟷	Antragsbefugnis, § 64
Rechte aus GeschO genügen		**Nur** Rechte aus Verfassung
Rechte müssen **abstrakt** bestehen, nicht konkret betroffen sein		Verletzung eines solchen Rechts in **diesem** Fall muss geltendgemacht werden
Rechte müssen der Partei **selbst** zustehen		Prozessstandschaft möglich

Wann ist ein Organstreitantrag begründet?

StaatsR II, Rn.14

Organstreitigkeit begründet, wenn

Maßnahme gerügte Rechte des Antragstellers verletzt

↓

Prüfungsmaßstab somit auf gerügte (Verfassungs)Rechte beschränkt, **keine** allgemeine Rechtmäßigkeitskontrolle!

Langzeitgedächtnis:
Wiederholen Sie auf dieser Stufe das Gelernte im Schnelldurchlauf nochmals nach **einem Monat**. Sie können jetzt an einem Tag ein ganzes Rechtsgebiet wiederholen.

- ✔ **Konnten Sie auf die Frage schnell und im Wesentlichen richtig antworten. Die Karteikarte bleibt auf dieser Stufe.**
- ✘ **Merken Sie beim stichwortartigen Memorieren der Karteikarte, dass Sie zu lange überlegen müssen, um das Gelernte wieder herzuleiten, so sortieren Sie diese Karteikarte nochmals auf Stufe 4 ein.**

An alles erinnert? Sie können mit sich zufrieden sein.
Der Lernstoff ist nun im Langzeitgedächtnis und Sie haben erfolgreich gegen das Vergessen angekämpft. Das Gelernte können Sie nun bei der Fallbearbeitung jederzeit abrufen.